Ivan Koesjnir

Economie van Amerika

Serie "Economie in landen"

eerst gepubliceerd: 2021
laatst bijgewerkt: 2021-02-02

Ivan Koesjnir. Economie van Amerika. Serie "Economie in landen". - 2021. - 73 pages.

Dit boek over de economie van Amerika van de jaren 1970 tot de jaren 2010. Brongegevens uit UN Data.

Grootte. In de jaren 2010 was het bruto binnenlands product van Amerika gelijk aan US$25,5 biljoen per jaar; de waarde van de landbouw was US$486,1 miljard; de waarde van de industrie was US$4,2 biljoen.

Productiviteit. In de jaren 2010 bedroeg het bruto binnenlands product per hoofd van de bevolking $26.129,9, de waarde van de landbouw per hoofd $498,8, de waarde van de industrie per hoofd $4.354,8. Omdat de productiviteit tussen het gemiddelde en het gemiddelde boven het gemiddelde ligt, wordt de economie geclassificeerd als ontwikkeld.

Groei. In de jaren 2010 bedroeg de groei van het bruto binnenlands product 2,2%; de groei van de landbouw was 2,2%; de groei van de industrie was 1,8%.

Structuur. In de jaren 2010 omvatte de economie van Amerika: diensten (51,9%), industrie (17,1%), handel (15,0%), transport (9,4%), bouw (4,7%) en landbouw (2,0%).

Uitvoer en invoer. In de jaren 2010 was de invoer 16,4% hoger dan de uitvoer, de netto-invoer was gelijk aan 2,6% van het BBP.

Consumptie en reproductie. De houding van reproductie ten opzichte van de consumptie is niet beter dan het mondiale gemiddelde, dus het aandeel van het BBP in de wereld zal niet toenemen.

Serie "Economie in landen": parallel.page.link/nl

ISBN: 9798701848342

Inhoud

Part I. Grootte

	de jaren 2010
BBP	US$25,5 biljoen
Het aandeel in de wereld	32,7%

Hoofdstuk I. Bruto binnenlands product

Het BBP van Amerika steeg van US$2,3 biljoen per jaar in de jaren 1970 tot US$25,5 biljoen per jaar in de jaren 2010, dat wil zeggen met US$23,2 biljoen of 11,2 keer. De verandering vond plaats op US$18,7 biljoen als gevolg van een 3,8-voudige stijging van de prijzen, en ook op US$2,8 biljoen als gevolg van een 1,7-voudige toename van de productiviteit , evenals op US$1,7 biljoen als gevolg van de toename van de bevolking. De gemiddelde jaarlijkse groei van het bruto binnenlands product is 2,8%. De minimumwaarde van het bruto binnenlands product bedroeg US$1,3 biljoen in 1970. De maximumwaarde van het BBP bedroeg US$28,6 biljoen in 2019.

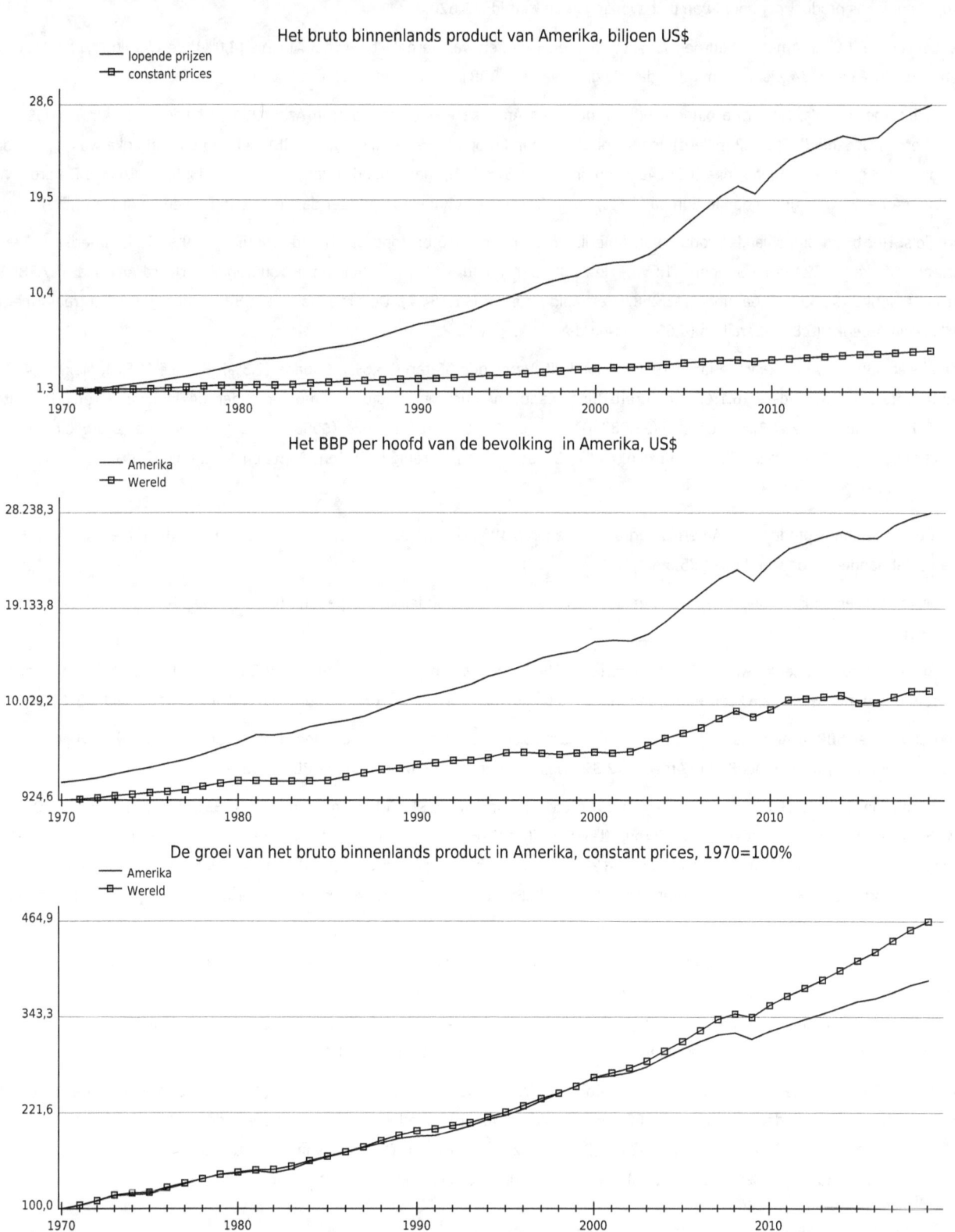

Het bruto binnenlands product van Amerika, biljoen US$

Het BBP per hoofd van de bevolking in Amerika, US$

De groei van het bruto binnenlands product in Amerika, constant prices, 1970=100%

de jaren 1970

Het BBP van Amerika bedroeg in de jaren 1970 US$2,3 biljoen per jaar. Het aandeel in de wereld was 34,6%.

Het bruto binnenlands product van Amerika bestond uit: huishoudelijke uitgaven (61,0%), kapitaalvorming (23,6%) en overheidsuitgaven (16,2%).

Het bruto binnenlands product per hoofd in Amerika was $4.044,6 in de jaren 1970s, en was vergelijkbaar met Nauru (US$4,1 duizend), Israël (US$4,0 duizend), Italië (US$4,0 duizend). Het bruto binnenlands product per hoofd in Amerika was in 2,5 keer hoger dan het bruto binnenlands product per hoofd van de bevolking in de wereld ($1.620,8).

De groei van het BBP in Amerika bedroeg 4.1% in de jaren 1970, en was vergelijkbaar met Albanië (4,0%), de Wereld (4,1%). De groei van het BBP in Amerika (4,1%) was minder dan de groei van het BBP in de wereld (4,1%).

Vergelijking met regio's. Het bruto binnenlands product van Amerika was groter dan in Azië (US$1,2 biljoen), in Afrika (US$266,0 miljard) en in Oceanië (US$115,2 miljard); maar minder dan in Europa (US$2,7 biljoen). Het BBP per hoofd in Amerika was groter dan in Europa (US$3,7 duizend), in Afrika (US$648,3) en in Azië (US$525,2); maar minder dan in Oceanië (US$5,4 duizend). De groei van het BBP in Amerika was groter dan in Europa (3,6%) en in Oceanië (2,8%); maar minder dan in Azië (5,5%) en in Afrika (4,5%).

Subregio's. Het bruto binnenlands product van Amerika in de jaren 1970 bestond uit: Noord-Amerika (82,9%), Zuid-Amerika (10,9%), Centraal-Amerika (4,7%) en Caraïben (1,5%). Het BBP per hoofd van de bevolking in subregio's: Noord-Amerika ($7.785,9), Centraal-Amerika ($1.353,3), Caraïben ($1.258,7) en Zuid-Amerika ($1.154,7). De groei van het BBP in subregio's: Centraal-Amerika (6,2%), Zuid-Amerika (5,8%), Caraïben (4,6%) en Noord-Amerika (3,6%).

Leiders. Het BBP van Amerika in de jaren 1970 bestond uit: Verenigde Staten (75,6%), Canada (7,3%), Brazilië (4,5%), Mexico (4,2%), Argentinië (2,3%), en andere (6,1%). Het bruto binnenlands product per hoofd in Amerika onder de leiders: Verenigde Staten ($7.838,7), Canada ($7.284,8), Argentinië ($1.988,4), Mexico ($1.608,5) en Brazilië ($968,3). De groei van het bruto binnenlands product onder de leiders: Brazilië (8,6%), Mexico (6,4%), Canada (4,2%), Verenigde Staten (3,5%) en Argentinië (2,7%).

de jaren 1980

Het bruto binnenlands product van Amerika bedroeg in de jaren 1980 US$5,4 biljoen per jaar, en was vergelijkbaar met Europa (US$5,4 biljoen). Het aandeel in de wereld was 35,8%.

Het bruto binnenlands product van Amerika bestond uit: huishoudelijke uitgaven (62,3%), kapitaalvorming (23,2%) en overheidsuitgaven (15,8%).

Het BBP per hoofd in Amerika was $8.168,9 in de jaren 1980s, en was vergelijkbaar met Nieuw-Caledonië (US$8,0 duizend). Het BBP per hoofd in Amerika was in 2,6 keer hoger dan het bruto binnenlands product per hoofd van de bevolking in de wereld ($3.123,4).

De groei van het BBP in Amerika bedroeg 2.8% in de jaren 1980, en was vergelijkbaar met Noord-Korea (2,8%), Noorwegen (2,8%), Canada (2,8%). De groei van het BBP in Amerika (2,8%) was minder dan de groei van het BBP in de wereld (3,0%).

Vergelijking met regio's. Het BBP van Amerika was groter dan in Azië (US$3,5 biljoen), in Afrika (US$538,1 miljard) en in Oceanië (US$257,5 miljard); maar minder dan in Europa (US$5,4 biljoen). Het BBP per hoofd in Amerika was groter dan in Europa (US$7,1 duizend), in Azië (US$1.222,0) en in Afrika (US$993,3); maar minder dan in Oceanië (US$10,4 duizend). De groei van het bruto binnenlands product in Amerika was groter dan in Europa (2,5%) en in Afrika (1,8%); maar minder dan in Azië (4,6%) en in Oceanië (3,1%).

Subregio's. Het bruto binnenlands product van Amerika in de jaren 1980 bestond uit: Noord-Amerika (84,3%), Zuid-Amerika (9,8%), Centraal-Amerika (4,5%) en Caraïben (1,4%). Het bruto binnenlands product per hoofd van de bevolking in subregio's: Noord-Amerika ($17.191,7), Centraal-Amerika ($2.418,3), Caraïben ($2.381,6) en Zuid-Amerika ($2.005,8). De groei van het bruto binnenlands product in subregio's: Noord-Amerika (3,1%), Caraïben (3,0%), Centraal-Amerika (2,0%) en Zuid-Amerika (1,7%).

Leiders. Het BBP van Amerika in de jaren 1980 bestond uit: Verenigde Staten (77,1%), Canada (7,1%), Brazilië (4,3%), Mexico (4,0%), Argentinië (1,8%), en andere (5,6%). Het BBP per hoofd in Amerika onder de leiders: Verenigde Staten ($17.427,1), Canada ($14.994,6), Argentinië ($3.320,3), Mexico ($2.881,3) en Brazilië ($1.733,7). De groei van het bruto binnenlands product onder de leiders: Verenigde Staten (3,1%), Brazilië (2,9%), Canada (2,8%), Mexico (2,1%) en Argentinië (-0,83%).

de jaren 1990

Het BBP van Amerika bedroeg in de jaren 1990 US$10,0 biljoen per jaar, en was vergelijkbaar met Europa (US$9,8 biljoen). Het aandeel in de wereld was 35,0%.

Het bruto binnenlands product van Amerika bestond uit: huishoudelijke uitgaven (64,6%), kapitaalvorming (21,3%) en overheidsuitgaven (15,2%).

Het bruto binnenlands product per hoofd in Amerika was $12.984,7 in de jaren 1990s. Het BBP per hoofd in Amerika was in 2,6 keer hoger dan het bruto binnenlands product per hoofd van de bevolking in de wereld ($5.020,1).

De groei van het BBP in Amerika bedroeg 3.1% in de jaren 1990, en was vergelijkbaar met Fiji (3,1%), Peru (3,1%). De groei van het BBP in Amerika (3,1%) was groter dan de groei van het BBP in de wereld (2,8%).

Vergelijking met regio's. Het bruto binnenlands product van Amerika was groter dan in Europa (US$9,8 biljoen), in Azië (US$7,8 biljoen), in Afrika (US$590,3 miljard) en in Oceanië (US$445,6 miljard). Het bruto binnenlands product per hoofd in Amerika was groter dan in Azië (US$2,2 duizend) en in Afrika (US$833,3); maar minder dan in Oceanië (US$15,4 duizend) en in Europa (US$13,5 duizend). De groei van het BBP in Amerika was groter dan in Afrika (2,4%) en in Europa (1,4%); maar minder dan in Azië (4,7%) en in Oceanië (3,3%).

Subregio's. Het BBP van Amerika in de jaren 1990 bestond uit: Noord-Amerika (81,8%), Zuid-Amerika (12,0%), Centraal-Amerika (5,0%) en Caraïben (1,2%). Het bruto binnenlands product per hoofd van de bevolking in subregio's: Noord-Amerika ($27.927,0), Centraal-Amerika ($4.047,6), Zuid-Amerika ($3.765,2) en Caraïben ($3.311,6). De groei van het BBP in subregio's: Centraal-Amerika (3,7%), Noord-Amerika (3,1%), Zuid-Amerika (2,5%) en Caraïben (2,3%).

Leiders. Het bruto binnenlands product van Amerika in de jaren 1990 bestond uit: Verenigde Staten (75,7%), Canada (6,2%), Brazilië (6,1%), Mexico (4,5%), Argentinië (2,7%), en andere (4,9%). Het BBP per hoofd in Amerika onder de leiders: Verenigde Staten ($28.654,0), Canada ($21.280,1), Argentinië ($7.709,2), Mexico ($4.955,4) en Brazilië ($3.790,9). De groei van het BBP onder de leiders: Argentinië (4,2%), Mexico (3,6%), Verenigde Staten (3,2%), Canada (2,4%) en Brazilië (1,6%).

de jaren 2000

Het BBP van Amerika bedroeg in de jaren 2000 US$16,7 biljoen per jaar. Het aandeel in de wereld was 35,8%.

Het BBP van Amerika bestond uit: huishoudelijke uitgaven (65,8%), kapitaalvorming (21,7%) en overheidsuitgaven (15,4%).

Het BBP per hoofd in Amerika was $19.020,5 in de jaren 2000s, en was vergelijkbaar met Anguilla (US$19,0 duizend), Curaçao (US$19,1 duizend). Het BBP per hoofd in Amerika was in 2,7 keer hoger dan het bruto binnenlands product per hoofd van de bevolking in de wereld ($7.176,3).

De groei van het bruto binnenlands product in Amerika bedroeg 2.1% in de jaren 2000, en was vergelijkbaar met Zweden (2,1%). De groei van het bruto binnenlands product in Amerika (2,1%) was minder dan de groei van het BBP in de wereld (3,0%).

Vergelijking met regio's. Het bruto binnenlands product van Amerika was groter dan in Europa (US$15,4 biljoen), in Azië (US$12,6 biljoen), in Afrika (US$1,1 biljoen) en in Oceanië (US$832,3 miljard). Het BBP per hoofd in Amerika was groter dan in Azië (US$3,2 duizend) en in Afrika (US$1.228,8); maar minder dan in Oceanië (US$25,0 duizend) en in Europa (US$21,1 duizend). De groei van het BBP in Amerika was groter dan in Europa (1,8%); maar minder dan in Azië (5,2%), in Afrika (5,1%) en in Oceanië (3,0%).

Subregio's. Het BBP van Amerika in de jaren 2000 bestond uit: Noord-Amerika (82,0%), Zuid-Amerika (10,9%), Centraal-Amerika (5,8%) en Caraïben (1,3%). Het bruto binnenlands product per hoofd van de bevolking in subregio's: Noord-Amerika ($42.023,4), Centraal-Amerika ($6.644,6), Caraïben ($5.662,8) en Zuid-Amerika ($4.952,1). De groei van het BBP in subregio's: Zuid-Amerika (3,3%), Caraïben (2,6%), Noord-Amerika (1,9%) en Centraal-Amerika (1,8%).

Leiders. Het bruto binnenlands product van Amerika in de jaren 2000 bestond uit: Verenigde Staten (75,3%), Canada (6,6%), Brazilië (5,8%), Mexico (5,2%), Argentinië (1,5%), en andere (5,6%). Het BBP per hoofd in Amerika onder de leiders: Verenigde Staten ($42.841,2), Canada ($34.476,7), Mexico ($8.216,3), Argentinië ($6.315,6) en Brazilië ($5.256,7). De groei van het BBP onder de leiders: Brazilië (3,3%), Argentinië (2,3%), Canada (2,1%), Verenigde Staten (1,9%) en Mexico (1,4%).

de jaren 2010

Het BBP van Amerika bedroeg in de jaren 2010 US$25,5 biljoen per jaar. Het aandeel in de wereld was 32,7%.

Het BBP van Amerika bestond uit: huishoudelijke uitgaven (66,6%), kapitaalvorming (20,6%) en overheidsuitgaven (15,4%).

Het BBP per hoofd in Amerika was $26.129,9 in de jaren 2010s, en was vergelijkbaar met Malta (US$26,4 duizend), Sint Maarten (US$25,8 duizend), Zuid-Europa (US$26,7 duizend). Het BBP per hoofd in Amerika was in 2,5 keer hoger dan het bruto binnenlands product per hoofd van de bevolking in de wereld ($10.603,1).

De groei van het bruto binnenlands product in Amerika bedroeg 2.2% in de jaren 2010, en was vergelijkbaar met Palau (2,1%). De groei van het BBP in Amerika (2,2%) was minder dan de groei van het bruto binnenlands product in de wereld (3,1%).

Vergelijking met regio's. Het bruto binnenlands product van Amerika was 21,4% groter dan in Europa (US$21,0 biljoen), 11,0 keer groter dan in Afrika (US$2,3 biljoen) en 15,4 keer groter dan in Oceanië (US$1,7 biljoen); maar 6,9% minder dan in Azië (US$27,4 biljoen). Het BBP per hoofd in Amerika was 4,2 keer groter dan in Azië (US$6,2 duizend) en 13,2 keer groter dan in Afrika (US$1.979,5); maar 38,2% minder dan in Oceanië (US$42,3 duizend) en 7,3% minder dan in Europa (US$28,2 duizend). De groei van het bruto binnenlands product in Amerika was groter dan in Europa (1,6%); maar minder dan in Azië (5,2%), in Afrika (2,9%) en in Oceanië (2,5%).

Subregio's. Het bruto binnenlands product van Amerika in de jaren 2010 bestond uit: Noord-Amerika (77,3%), Zuid-Amerika (15,8%), Centraal-Amerika (5,5%) en Caraïben (1,3%). Het bruto binnenlands product per hoofd van de bevolking in subregio's: Noord-Amerika ($55.369,4), Zuid-Amerika ($9.838,9), Centraal-Amerika ($8.408,4) en Caraïben ($8.230,0). De groei van het bruto binnenlands product in subregio's: Centraal-Amerika (2,9%), Noord-Amerika (2,3%), Caraïben (1,5%) en Zuid-Amerika (1,2%).

Leiders. Het bruto binnenlands product van Amerika in de jaren 2010 bestond uit: Verenigde Staten (70,5%), Brazilië (8,5%), Canada (6,7%), Mexico (4,7%), Argentinië (2,2%), en andere (7,4%). Het BBP per hoofd in Amerika onder de leiders: Verenigde Staten ($56.220,1), Canada ($47.702,4), Argentinië ($12.913,7), Brazilië ($10.619,0) en Mexico ($9.844,6). De groei van het bruto binnenlands product onder de leiders: Mexico (2,7%), Verenigde Staten (2,3%), Canada (2,2%), Brazilië (1,3%) en Argentinië (1,3%).

Hoofdstuk II. Toegevoegde waarde

De toegevoegde waarde van Amerika steeg van US$2,2 biljoen per jaar in de jaren 1970 tot US$24,8 biljoen per jaar in de jaren 2010, dat wil zeggen met US$22,5 biljoen of 11,1 keer. De verandering vond plaats op US$18,7 biljoen als gevolg van een 4,1-voudige stijging van de prijzen, en ook op US$2,2 biljoen als gevolg van een 1,6-voudige toename van de productiviteit , evenals op US$1,7 biljoen als gevolg van de toename van de bevolking. De gemiddelde jaarlijkse groei van de toegevoegde waarde is 2,6%. De minimumwaarde van de toegevoegde waarde bedroeg US$1,3 biljoen in 1970. De maximumwaarde van de toegevoegde waarde bedroeg US$28,0 biljoen in 2019.

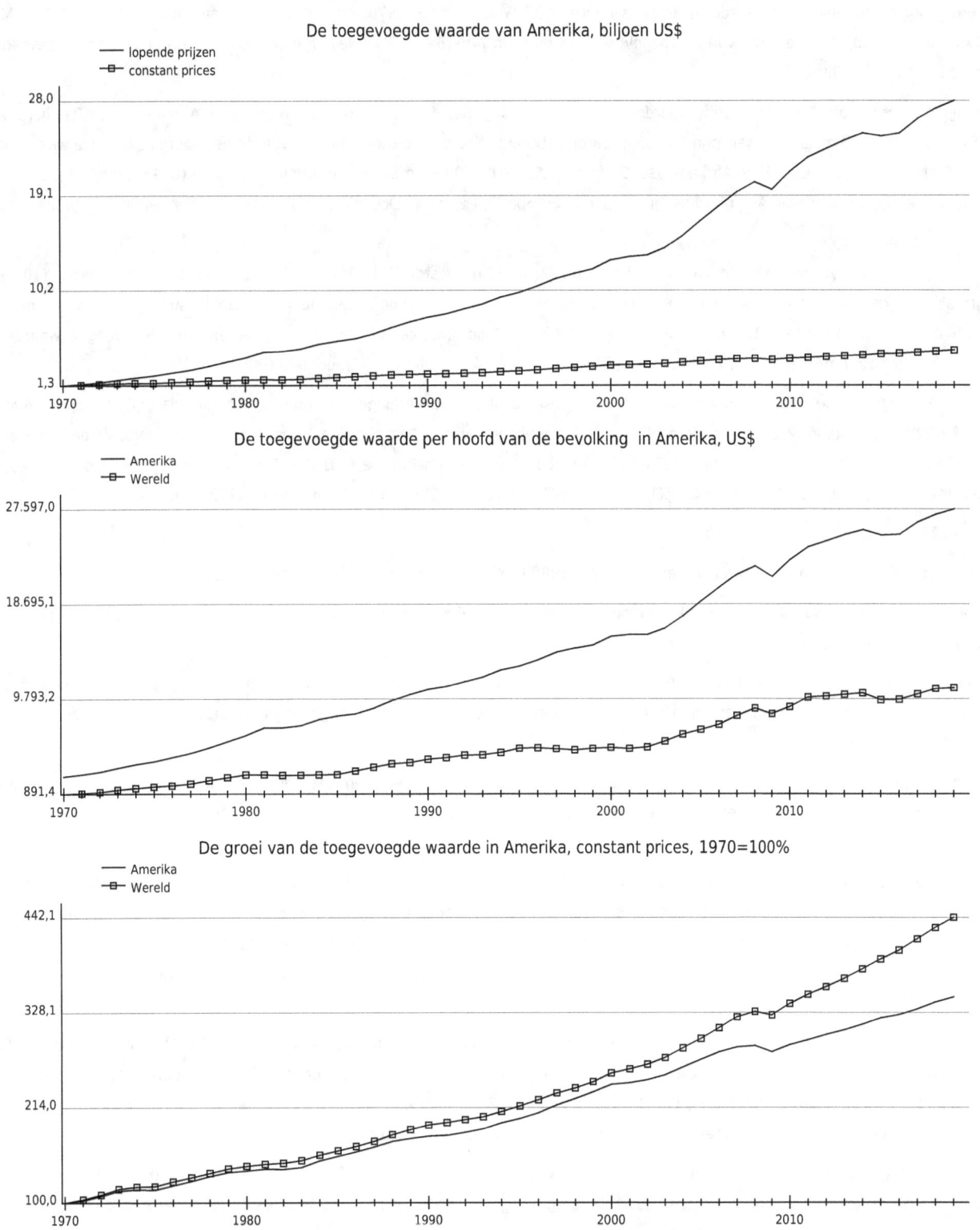

De toegevoegde waarde van Amerika, biljoen US$

De toegevoegde waarde per hoofd van de bevolking in Amerika, US$

De groei van de toegevoegde waarde in Amerika, constant prices, 1970=100%

de jaren 1970

De toegevoegde waarde van Amerika bedroeg in de jaren 1970 US$2,2 biljoen per jaar. Het aandeel in de wereld was 35,3%.

De totale toegevoegde waarde van Amerika bestond uit: diensten (37,7%), industrie (27,4%), handel (16,4%), vervoer (9,1%), bouw (5,5%) en landbouw (4,0%).

De toegevoegde waarde per hoofd in Amerika was $3.985,3 in de jaren 1970s, en was vergelijkbaar met Israël (US$4,0 duizend), Aruba (US$4,0 duizend). De toegevoegde waarde per hoofd in Amerika was in 2,5 keer hoger dan de toegevoegde waarde per hoofd van de bevolking in de wereld ($1.564,4).

De groei van de toegevoegde waarde in Amerika bedroeg 3.5% in de jaren 1970, en was vergelijkbaar met Bermuda (3,5%), Mali (3,5%), Tanzania (3,5%). De groei van de toegevoegde waarde in Amerika (3,5%) was minder dan de groei van de toegevoegde waarde in de wereld (3,9%).

Vergelijking met regio's. De toegevoegde waarde van Amerika was groter dan in Azië (US$1,2 biljoen), in Afrika (US$254,0 miljard) en in Oceanië (US$108,3 miljard); maar minder dan in Europa (US$2,5 biljoen). De toegevoegde waarde per hoofd in Amerika was groter dan in Europa (US$3,5 duizend), in Afrika (US$619,0) en in Azië (US$508,3); maar minder dan in Oceanië (US$5,1 duizend). De groei van de toegevoegde waarde in Amerika was groter dan in Europa (3,4%) en in Oceanië (3,2%); maar minder dan in Azië (5,5%) en in Afrika (4,9%).

Subregio's. De toegevoegde waarde van Amerika in de jaren 1970 bestond uit: Noord-Amerika (83,0%), Zuid-Amerika (10,5%), Centraal-Amerika (5,0%) en Caraïben (1,5%). De toegevoegde waarde per hoofd van de bevolking in subregio's: Noord-Amerika ($7.676,0), Centraal-Amerika ($1.417,5), Caraïben ($1.288,7) en Zuid-Amerika ($1.095,7). De groei van de toegevoegde waarde in subregio's: Centraal-Amerika (6,3%), Zuid-Amerika (6,0%), Caraïben (4,5%) en Noord-Amerika (3,0%).

Leiders. De toegevoegde waarde van Amerika in de jaren 1970 bestond uit: Verenigde Staten (76,0%), Canada (7,0%), Mexico (4,4%), Brazilië (4,4%), Argentinië (2,1%), en andere (6,2%). De toegevoegde waarde per hoofd in Amerika onder de leiders: Verenigde Staten ($7.767,9), Canada ($6.800,6), Argentinië ($1.806,7), Mexico ($1.685,8) en Brazilië ($918,5). De groei van de toegevoegde waarde onder de leiders: Brazilië (9,2%), Mexico (6,5%), Canada (3,8%), Verenigde Staten (2,9%) en Argentinië (2,7%).

de jaren 1980

De toegevoegde waarde van Amerika bedroeg in de jaren 1980 US$5,4 biljoen per jaar. Het aandeel in de wereld was 36,9%.

De totale toegevoegde waarde van Amerika bestond uit: diensten (42,4%), industrie (25,6%), handel (15,5%), transport (8,8%), bouw (4,9%) en landbouw (2,9%).

De toegevoegde waarde per hoofd in Amerika was $8.159,2 in de jaren 1980s, en was vergelijkbaar met Nieuw-Caledonië (US$8,0 duizend). De toegevoegde waarde per hoofd in Amerika was in 2,7 keer hoger dan de toegevoegde waarde per hoofd van de bevolking in de wereld ($3.029,9).

De groei van de toegevoegde waarde in Amerika bedroeg 2.7% in de jaren 1980, en was vergelijkbaar met Ierland (2,6%), Albanië (2,6%), Zuid-Europa (2,6%). De groei van de toegevoegde waarde in Amerika (2,7%) was minder dan de groei van de toegevoegde waarde in de wereld (2,9%).

Vergelijking met regio's. De toegevoegde waarde van Amerika was groter dan in Europa (US$5,1 biljoen), in Azië (US$3,4 biljoen), in Afrika (US$513,9 miljard) en in Oceanië (US$242,8 miljard). De toegevoegde waarde per hoofd in Amerika was groter dan in Europa (US$6,6 duizend), in Azië (US$1.191,9) en in Afrika (US$948,7); maar minder dan in Oceanië (US$9,8 duizend). De groei van de toegevoegde waarde in Amerika was groter dan in Europa (2,6%) en in Afrika (1,2%); maar minder dan in Azië (4,3%) en in Oceanië (3,4%).

Subregio's. De toegevoegde waarde van Amerika in de jaren 1980 bestond uit: Noord-Amerika (84,0%), Zuid-Amerika (9,7%), Centraal-Amerika (4,9%) en Caraïben (1,4%). De toegevoegde waarde per hoofd van de bevolking in subregio's: Noord-Amerika ($17.111,3), Centraal-Amerika ($2.610,7), Caraïben ($2.414,2) en Zuid-Amerika ($1.984,8). De groei van de toegevoegde waarde in subregio's: Caraïben (3,3%), Noord-Amerika (2,8%), Centraal-Amerika (2,1%) en Zuid-Amerika (1,9%).

Leiders. De toegevoegde waarde van Amerika in de jaren 1980 bestond uit: Verenigde Staten (77,3%), Canada (6,7%), Brazilië (4,4%), Mexico (4,4%), Argentinië (1,7%), en andere (5,6%). De toegevoegde waarde per hoofd in Amerika onder de leiders: Verenigde Staten

($17.439,9), Canada ($14.045,5), Mexico ($3.133,8), Argentinië ($3.060,1) en Brazilië ($1.782,1). De groei van de toegevoegde waarde onder de leiders: Brazilië (3,2%), Verenigde Staten (2,8%), Canada (2,7%), Mexico (2,3%) en Argentinië (-0,63%).

de jaren 1990

De toegevoegde waarde van Amerika bedroeg in de jaren 1990 US$9,9 biljoen per jaar. Het aandeel in de wereld was 36,0%.

De totale toegevoegde waarde van Amerika bestond uit: diensten (48,3%), industrie (21,2%), handel (15,2%), vervoer (8,6%), bouw (4,4%) en landbouw (2,3%).

De toegevoegde waarde per hoofd in Amerika was $12.777,9 in de jaren 1990s, en was vergelijkbaar met Macau (US$12,9 duizend), de Turks- en Caicoseilanden (US$12,6 duizend), Cyprus (US$12,5 duizend). De toegevoegde waarde per hoofd in Amerika was in 2,7 keer hoger dan de toegevoegde waarde per hoofd van de bevolking in de wereld ($4.799,9).

De groei van de toegevoegde waarde in Amerika bedroeg 2.8% in de jaren 1990, en was vergelijkbaar met Brunei (2,8%), Noord-Amerika (2,8%), Oostenrijk (2,8%). De groei van de toegevoegde waarde in Amerika (2,8%) was groter dan de groei van de toegevoegde waarde in de wereld (2,7%).

Vergelijking met regio's. De toegevoegde waarde van Amerika was groter dan in Europa (US$8,9 biljoen), in Azië (US$7,6 biljoen), in Afrika (US$561,8 miljard) en in Oceanië (US$411,7 miljard). De toegevoegde waarde per hoofd in Amerika was groter dan in Europa (US$12,3 duizend), in Azië (US$2,2 duizend) en in Afrika (US$793,2); maar minder dan in Oceanië (US$14,2 duizend). De groei van de toegevoegde waarde in Amerika was groter dan in Afrika (2,3%) en in Europa (1,3%); maar minder dan in Azië (4,6%) en in Oceanië (3,3%).

Subregio's. De toegevoegde waarde van Amerika in de jaren 1990 bestond uit: Noord-Amerika (82,6%), Zuid-Amerika (11,3%), Centraal-Amerika (4,9%) en Caraïben (1,2%). De toegevoegde waarde per hoofd van de bevolking in subregio's: Noord-Amerika ($27.730,0), Centraal-Amerika ($3.925,1), Zuid-Amerika ($3.501,8) en Caraïben ($3.242,8). De groei van de toegevoegde waarde in subregio's: Centraal-Amerika (3,5%), Noord-Amerika (2,8%), Zuid-Amerika (2,5%) en Caraïben (2,2%).

Leiders. De toegevoegde waarde van Amerika in de jaren 1990 bestond uit: Verenigde Staten (76,7%), Brazilië (5,8%), Canada (5,8%), Mexico (4,5%), Argentinië (2,4%), en andere (4,8%). De toegevoegde waarde per hoofd in Amerika onder de leiders: Verenigde Staten ($28.605,8), Canada ($19.725,0), Argentinië ($6.825,0), Mexico ($4.830,7) en Brazilië ($3.582,9). De groei van de toegevoegde waarde onder de leiders: Argentinië (4,3%), Mexico (3,4%), Verenigde Staten (2,8%), Canada (2,3%) en Brazilië (1,6%).

de jaren 2000

De toegevoegde waarde van Amerika bedroeg in de jaren 2000 US$16,4 biljoen per jaar. Het aandeel in de wereld was 36,9%.

De totale toegevoegde waarde van Amerika bestond uit: diensten (50,5%), industrie (18,8%), handel (14,9%), transport (9,1%), constructie (5,0%) en landbouw (1,8%).

De toegevoegde waarde per hoofd in Amerika was $18.623,4 in de jaren 2000s, en was vergelijkbaar met Frans-Polynesië (US$18,9 duizend), Europa (US$18,9 duizend). De toegevoegde waarde per hoofd in Amerika was in 2,7 keer hoger dan de toegevoegde waarde per hoofd van de bevolking in de wereld ($6.818,0).

De groei van de toegevoegde waarde in Amerika bedroeg 1.9% in de jaren 2000. De groei van de toegevoegde waarde in Amerika (1,9%) was minder dan de groei van de toegevoegde waarde in de wereld (2,9%).

Vergelijking met regio's. De toegevoegde waarde van Amerika was groter dan in Europa (US$13,8 biljoen), in Azië (US$12,3 biljoen), in Afrika (US$1,1 biljoen) en in Oceanië (US$768,7 miljard). De toegevoegde waarde per hoofd in Amerika was groter dan in Azië (US$3,1 duizend) en in Afrika (US$1.165,9); maar minder dan in Oceanië (US$23,1 duizend) en in Europa (US$18,9 duizend). De groei van de toegevoegde waarde in Amerika was groter dan in Europa (1,7%); maar minder dan in Azië (5,1%), in Afrika (4,9%) en in Oceanië (3,0%).

Subregio's. De toegevoegde waarde van Amerika in de jaren 2000 bestond uit: Noord-Amerika (83,3%), Zuid-Amerika (9,8%), Centraal-Amerika (5,6%) en Caraïben (1,3%). De toegevoegde waarde per hoofd van de bevolking in subregio's: Noord-Amerika ($41.793,4), Centraal-Amerika ($6.347,9), Caraïben ($5.485,7) en Zuid-Amerika ($4.344,6). De groei van de toegevoegde waarde in subregio's: Zuid-Amerika (3,1%), Caraïben (2,6%), Centraal-Amerika (1,8%) en Noord-Amerika (1,7%).

Leiders. De toegevoegde waarde van Amerika in de jaren 2000 bestond uit: Verenigde Staten (76,9%), Canada (6,3%), Mexico (5,1%),

Brazilië (5,1%), Argentinië (1,3%), en andere (5,3%). De toegevoegde waarde per hoofd in Amerika onder de leiders: Verenigde Staten ($42.840,8), Canada ($32.143,6), Mexico ($7.874,4), Argentinië ($5.412,8) en Brazilië ($4.476,3). De groei van de toegevoegde waarde onder de leiders: Brazilië (3,0%), Argentinië (2,2%), Canada (2,1%), Verenigde Staten (1,7%) en Mexico (1,4%).

de jaren 2010

De toegevoegde waarde van Amerika bedroeg in de jaren 2010 US$24,8 biljoen per jaar. Het aandeel in de wereld was 33,4%.

De totale toegevoegde waarde van Amerika bestond uit: diensten (51,9%), industrie (17,1%), handel (15,0%), transport (9,4%), bouw (4,7%) en landbouw (2,0%).

De toegevoegde waarde per hoofd in Amerika was $25.411,8 in de jaren 2010s, en was vergelijkbaar met Europa (US$25,3 duizend). De toegevoegde waarde per hoofd in Amerika was in 2,5 keer hoger dan de toegevoegde waarde per hoofd van de bevolking in de wereld ($10.094,6).

De groei van de toegevoegde waarde in Amerika bedroeg 2.1% in de jaren 2010. De groei van de toegevoegde waarde in Amerika (2,1%) was minder dan de groei van de toegevoegde waarde in de wereld (3,1%).

Vergelijking met regio's. De toegevoegde waarde van Amerika was 31,8% groter dan in Europa (US$18,8 biljoen), 11,2 keer groter dan in Afrika (US$2,2 biljoen) en 16,0 keer groter dan in Oceanië (US$1,5 biljoen); maar 7,4% minder dan in Azië (US$26,7 biljoen). De toegevoegde waarde per hoofd in Amerika was 0,64% groter dan in Europa (US$25,3 duizend), 4,2 keer groter dan in Azië (US$6,1 duizend) en 13,5 keer groter dan in Afrika (US$1.886,4); maar 35,5% minder dan in Oceanië (US$39,4 duizend). De groei van de toegevoegde waarde in Amerika was groter dan in Europa (1,6%); maar minder dan in Azië (5,3%), in Afrika (2,7%) en in Oceanië (2,5%).

Subregio's. De toegevoegde waarde van Amerika in de jaren 2010 bestond uit: Noord-Amerika (79,0%), Zuid-Amerika (14,2%), Centraal-Amerika (5,4%) en Caraïben (1,3%). De toegevoegde waarde per hoofd van de bevolking in subregio's: Noord-Amerika ($55.053,6), Zuid-Amerika ($8.605,3), Centraal-Amerika ($7.990,6) en Caraïben ($7.946,0). De groei van de toegevoegde waarde in subregio's: Centraal-Amerika (2,9%), Noord-Amerika (2,2%), Caraïben (1,4%) en Zuid-Amerika (1,3%).

Leiders. De toegevoegde waarde van Amerika in de jaren 2010 bestond uit: Verenigde Staten (72,5%), Brazilië (7,5%), Canada (6,4%), Mexico (4,6%), Argentinië (1,9%), en andere (7,1%). De toegevoegde waarde per hoofd in Amerika onder de leiders: Verenigde Staten ($56.220,3), Canada ($44.578,7), Argentinië ($10.862,2), Mexico ($9.379,0) en Brazilië ($9.088,1). De groei van de toegevoegde waarde onder de leiders: Mexico (2,6%), Canada (2,4%), Verenigde Staten (2,2%), Brazilië (1,4%) en Argentinië (1,2%).

Hoofdstuk III. Bruto nationaal inkomen

Het BNI van Amerika steeg van US$2,3 biljoen per jaar in de jaren 1970 tot US$25,6 biljoen per jaar in de jaren 2010, dat wil zeggen met US$23,3 biljoen of 11,4 keer. De verandering vond plaats op US$18,8 biljoen als gevolg van een 3,8-voudige stijging van de prijzen, en ook op US$2,8 biljoen als gevolg van een 1,7-voudige toename van de productiviteit , evenals op US$1,7 biljoen als gevolg van de toename van de bevolking. De gemiddelde jaarlijkse groei van het bruto nationaal inkomen is 2,8%. De minimumwaarde van het BNI bedroeg US$1,3 biljoen in 1970. De maximumwaarde van het bruto nationaal inkomen bedroeg US$28,7 biljoen in 2019.

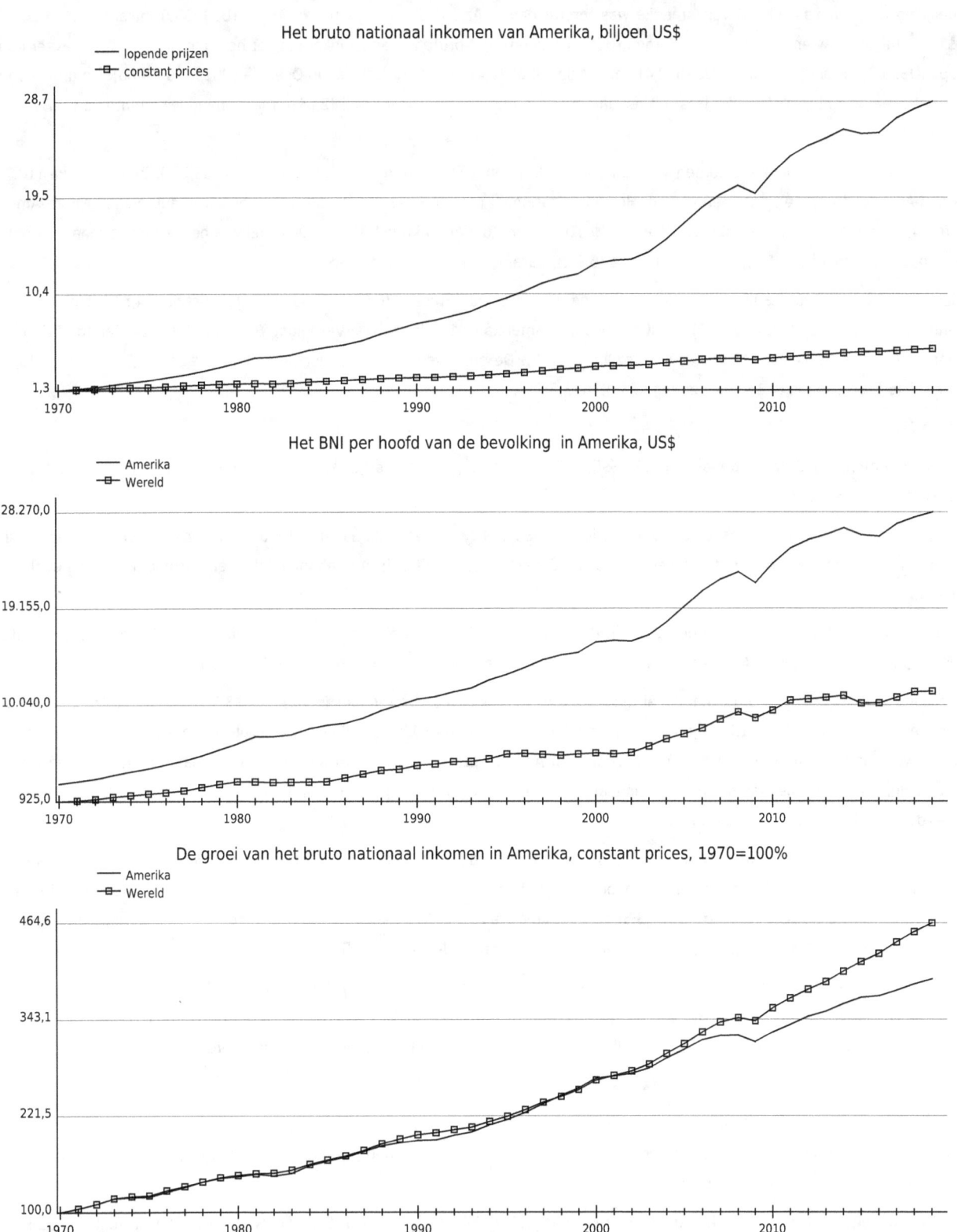

Het bruto nationaal inkomen van Amerika, biljoen US$

Het BNI per hoofd van de bevolking in Amerika, US$

De groei van het bruto nationaal inkomen in Amerika, constant prices, 1970=100%

de jaren 1970

Het bruto nationaal inkomen van Amerika bedroeg in de jaren 1970 US$2,3 biljoen per jaar. Het aandeel in de wereld was 34,3%.

Het BNI per hoofd in Amerika was $4.019,9 in de jaren 1970s, en was vergelijkbaar met Italië (US$4,0 duizend). Het BNI per hoofd in Amerika was in 2,5 keer hoger dan het bruto nationaal inkomen per hoofd van de bevolking in de wereld ($1.624,3).

De groei van het BNI in Amerika bedroeg 4% in de jaren 1970, en was vergelijkbaar met Albanië (4,0%). De groei van het BNI in Amerika (4,0%) was minder dan de groei van het BNI in de wereld (4,1%).

Vergelijking met regio's. Het BNI van Amerika was groter dan in Azië (US$1,2 biljoen), in Afrika (US$259,5 miljard) en in Oceanië (US$113,8 miljard); maar minder dan in Europa (US$2,7 biljoen). Het bruto nationaal inkomen per hoofd in Amerika was groter dan in Europa (US$3,7 duizend), in Afrika (US$632,4) en in Azië (US$529,4); maar minder dan in Oceanië (US$5,3 duizend). De groei van het bruto nationaal inkomen in Amerika was groter dan in Europa (3,6%) en in Oceanië (2,8%); maar minder dan in Azië (5,5%) en in Afrika (4,7%).

Subregio's. Het bruto nationaal inkomen van Amerika in de jaren 1970 bestond uit: Noord-Amerika (83,2%), Zuid-Amerika (10,7%), Centraal-Amerika (4,7%) en Caraïben (1,4%). Het bruto nationaal inkomen per hoofd van de bevolking in subregio's: Noord-Amerika ($7.766,4), Centraal-Amerika ($1.328,8), Caraïben ($1.169,0) en Zuid-Amerika ($1.132,3). De groei van het bruto nationaal inkomen in subregio's: Zuid-Amerika (6,5%), Centraal-Amerika (6,1%), Caraïben (4,3%) en Noord-Amerika (3,5%).

Leiders. Het BNI van Amerika in de jaren 1970 bestond uit: Verenigde Staten (76,0%), Canada (7,2%), Brazilië (4,5%), Mexico (4,1%), Argentinië (2,2%), en andere (6,0%). Het BNI per hoofd in Amerika onder de leiders: Verenigde Staten ($7.837,2), Canada ($7.092,1), Argentinië ($1.953,3), Mexico ($1.573,4) en Brazilië ($952,0). De groei van het BNI onder de leiders: Brazilië (8,3%), Mexico (6,3%), Argentinië (5,5%), Canada (4,1%) en Verenigde Staten (3,5%).

de jaren 1980

Het BNI van Amerika bedroeg in de jaren 1980 US$5,3 biljoen per jaar, en was vergelijkbaar met Europa (US$5,5 biljoen). Het aandeel in de wereld was 35,4%.

Het BNI per hoofd in Amerika was $8.063,2 in de jaren 1980s, en was vergelijkbaar met Nieuw-Caledonië (US$8,0 duizend), Israël (US$8,0 duizend). Het BNI per hoofd in Amerika was in 2,6 keer hoger dan het bruto nationaal inkomen per hoofd van de bevolking in de wereld ($3.117,1).

De groei van het BNI in Amerika bedroeg 2.8% in de jaren 1980, en was vergelijkbaar met Namibië (2,8%), Spanje (2,8%), Andorra (2,8%). De groei van het BNI in Amerika (2,8%) was minder dan de groei van het bruto nationaal inkomen in de wereld (3,0%).

Vergelijking met regio's. Het bruto nationaal inkomen van Amerika was groter dan in Azië (US$3,5 biljoen), in Afrika (US$518,8 miljard) en in Oceanië (US$251,2 miljard); maar minder dan in Europa (US$5,5 biljoen). Het bruto nationaal inkomen per hoofd in Amerika was groter dan in Europa (US$7,1 duizend), in Azië (US$1.233,8) en in Afrika (US$957,8); maar minder dan in Oceanië (US$10,1 duizend). De groei van het bruto nationaal inkomen in Amerika was groter dan in Europa (2,4%) en in Afrika (1,6%); maar minder dan in Azië (4,6%) en in Oceanië (2,9%).

Subregio's. Het BNI van Amerika in de jaren 1980 bestond uit: Noord-Amerika (84,9%), Zuid-Amerika (9,5%), Centraal-Amerika (4,4%) en Caraïben (1,2%). Het bruto nationaal inkomen per hoofd van de bevolking in subregio's: Noord-Amerika ($17.086,5), Centraal-Amerika ($2.318,9), Caraïben ($2.103,5) en Zuid-Amerika ($1.917,1). De groei van het bruto nationaal inkomen in subregio's: Noord-Amerika (3,0%), Caraïben (2,5%), Centraal-Amerika (1,9%) en Zuid-Amerika (1,5%).

Leiders. Het BNI van Amerika in de jaren 1980 bestond uit: Verenigde Staten (77,9%), Canada (7,0%), Brazilië (4,1%), Mexico (3,9%), Argentinië (1,8%), en andere (5,4%). Het BNI per hoofd in Amerika onder de leiders: Verenigde Staten ($17.362,5), Canada ($14.511,3), Argentinië ($3.163,1), Mexico ($2.751,7) en Brazilië ($1.654,2). De groei van het BNI onder de leiders: Verenigde Staten (3,1%), Brazilië (2,9%), Canada (2,8%), Mexico (2,0%) en Argentinië (-1,6%).

de jaren 1990

Het bruto nationaal inkomen van Amerika bedroeg in de jaren 1990 US$9,9 biljoen per jaar, en was vergelijkbaar met Europa (US$9,8 biljoen). Het aandeel in de wereld was 34,7%.

Het bruto nationaal inkomen per hoofd in Amerika was $12.792,4 in de jaren 1990s, en was vergelijkbaar met de Turks- en

Caicoseilanden (US$13,1 duizend). Het BNI per hoofd in Amerika was in 2,6 keer hoger dan het bruto nationaal inkomen per hoofd van de bevolking in de wereld ($4.991,4).

De groei van het bruto nationaal inkomen in Amerika bedroeg 3.2% in de jaren 1990, en was vergelijkbaar met Honduras (3,2%). De groei van het BNI in Amerika (3,2%) was groter dan de groei van het bruto nationaal inkomen in de wereld (2,8%).

Vergelijking met regio's. Het BNI van Amerika was groter dan in Europa (US$9,8 biljoen), in Azië (US$7,8 biljoen), in Afrika (US$566,5 miljard) en in Oceanië (US$429,8 miljard). Het bruto nationaal inkomen per hoofd in Amerika was groter dan in Azië (US$2,3 duizend) en in Afrika (US$799,7); maar minder dan in Oceanië (US$14,9 duizend) en in Europa (US$13,4 duizend). De groei van het bruto nationaal inkomen in Amerika was groter dan in Afrika (2,5%) en in Europa (1,3%); maar minder dan in Azië (4,6%) en in Oceanië (3,3%).

Subregio's. Het BNI van Amerika in de jaren 1990 bestond uit: Noord-Amerika (82,5%), Zuid-Amerika (11,9%), Centraal-Amerika (4,6%) en Caraïben (1,0%). Het BNI per hoofd van de bevolking in subregio's: Noord-Amerika ($27.719,8), Zuid-Amerika ($3.684,8), Centraal-Amerika ($3.683,1) en Caraïben ($2.831,2). De groei van het BNI in subregio's: Noord-Amerika (3,3%), Centraal-Amerika (3,0%), Zuid-Amerika (2,7%) en Caraïben (2,1%).

Leiders. Het BNI van Amerika in de jaren 1990 bestond uit: Verenigde Staten (76,4%), Brazilië (6,1%), Canada (6,0%), Mexico (4,1%), Argentinië (2,6%), en andere (4,7%). Het BNI per hoofd in Amerika onder de leiders: Verenigde Staten ($28.503,5), Canada ($20.556,0), Argentinië ($7.523,1), Mexico ($4.490,3) en Brazilië ($3.733,5). De groei van het BNI onder de leiders: Argentinië (4,8%), Verenigde Staten (3,4%), Mexico (2,8%), Canada (2,4%) en Brazilië (1,6%).

de jaren 2000

Het bruto nationaal inkomen van Amerika bedroeg in de jaren 2000 US$16,7 biljoen per jaar. Het aandeel in de wereld was 35,8%.

Het BNI per hoofd in Amerika was $18.970,5 in de jaren 2000s, en was vergelijkbaar met Anguilla (US$18,8 duizend), Curaçao (US$19,2 duizend). Het bruto nationaal inkomen per hoofd in Amerika was in 2,6 keer hoger dan het bruto nationaal inkomen per hoofd van de bevolking in de wereld ($7.165,2).

De groei van het bruto nationaal inkomen in Amerika bedroeg 2.1% in de jaren 2000, en was vergelijkbaar met Melanesië (2,1%), Palau (2,1%). De groei van het bruto nationaal inkomen in Amerika (2,1%) was minder dan de groei van het bruto nationaal inkomen in de wereld (3,0%).

Vergelijking met regio's. Het bruto nationaal inkomen van Amerika was groter dan in Europa (US$15,4 biljoen), in Azië (US$12,6 biljoen), in Afrika (US$1,1 biljoen) en in Oceanië (US$800,3 miljard). Het BNI per hoofd in Amerika was groter dan in Azië (US$3,2 duizend) en in Afrika (US$1.185,1); maar minder dan in Oceanië (US$24,0 duizend) en in Europa (US$21,1 duizend). De groei van het BNI in Amerika was groter dan in Europa (1,8%); maar minder dan in Azië (5,3%), in Afrika (5,1%) en in Oceanië (2,9%).

Subregio's. Het bruto nationaal inkomen van Amerika in de jaren 2000 bestond uit: Noord-Amerika (82,7%), Zuid-Amerika (10,6%), Centraal-Amerika (5,6%) en Caraïben (1,1%). Het BNI per hoofd van de bevolking in subregio's: Noord-Amerika ($42.261,1), Centraal-Amerika ($6.428,4), Caraïben ($4.813,4) en Zuid-Amerika ($4.796,8). De groei van het bruto nationaal inkomen in subregio's: Zuid-Amerika (3,3%), Caraïben (2,8%), Centraal-Amerika (2,7%) en Noord-Amerika (1,8%).

Leiders. Het BNI van Amerika in de jaren 2000 bestond uit: Verenigde Staten (76,1%), Canada (6,5%), Brazilië (5,7%), Mexico (5,0%), Argentinië (1,4%), en andere (5,2%). Het BNI per hoofd in Amerika onder de leiders: Verenigde Staten ($43.177,4), Canada ($33.800,5), Mexico ($7.957,4), Argentinië ($6.088,9) en Brazilië ($5.119,3). De groei van het bruto nationaal inkomen onder de leiders: Brazilië (3,4%), Mexico (2,4%), Argentinië (2,3%), Canada (2,2%) en Verenigde Staten (1,8%).

de jaren 2010

Het BNI van Amerika bedroeg in de jaren 2010 US$25,6 biljoen per jaar. Het aandeel in de wereld was 32,9%.

Het BNI per hoofd in Amerika was $26.262,7 in de jaren 2010s, en was vergelijkbaar met Aruba (US$26,1 duizend), Zuid-Europa (US$26,6 duizend). Het BNI per hoofd in Amerika was in 2,5 keer hoger dan het bruto nationaal inkomen per hoofd van de bevolking in de wereld ($10.611,7).

De groei van het bruto nationaal inkomen in Amerika bedroeg 2.3% in de jaren 2010, en was vergelijkbaar met Canada (2,3%). De groei van het BNI in Amerika (2,3%) was minder dan de groei van het BNI in de wereld (3,1%).

Vergelijking met regio's. Het bruto nationaal inkomen van Amerika was 22,2% groter dan in Europa (US$20,9 biljoen), 11,4 keer groter dan in Afrika (US$2,2 biljoen) en 15,9 keer groter dan in Oceanië (US$1,6 biljoen); maar 6,8% minder dan in Azië (US$27,5 biljoen). Het BNI per hoofd in Amerika was 4,2 keer groter dan in Azië (US$6,2 duizend) en 13,7 keer groter dan in Afrika (US$1.913,3); maar 36,0% minder dan in Oceanië (US$41,1 duizend) en 6,7% minder dan in Europa (US$28,1 duizend). De groei van het bruto nationaal inkomen in Amerika was groter dan in Europa (1,6%); maar minder dan in Azië (5,2%), in Afrika (2,9%) en in Oceanië (2,7%).

Subregio's. Het BNI van Amerika in de jaren 2010 bestond uit: Noord-Amerika (78,1%), Zuid-Amerika (15,3%), Centraal-Amerika (5,4%) en Caraïben (1,2%). Het bruto nationaal inkomen per hoofd van de bevolking in subregio's: Noord-Amerika ($56.264,7), Zuid-Amerika ($9.572,3), Centraal-Amerika ($8.181,9) en Caraïben ($7.229,0). De groei van het BNI in subregio's: Centraal-Amerika (2,8%), Noord-Amerika (2,4%), Caraïben (1,8%) en Zuid-Amerika (1,1%).

Leiders. Het BNI van Amerika in de jaren 2010 bestond uit: Verenigde Staten (71,5%), Brazilië (8,3%), Canada (6,6%), Mexico (4,5%), Argentinië (2,1%), en andere (7,0%). Het BNI per hoofd in Amerika onder de leiders: Verenigde Staten ($57.299,9), Canada ($46.955,1), Argentinië ($12.577,9), Brazilië ($10.378,3) en Mexico ($9.620,5). De groei van het BNI onder de leiders: Mexico (2,6%), Verenigde Staten (2,5%), Canada (2,3%), Brazilië (1,3%) en Argentinië (1,2%).

Part II. Structuur

	de jaren 2010
landbouw	2,0%
industrie	17,1%
constructie	4,7%
handel	15,0%
vervoer	9,4%
diensten	51,9%

Hoofdstuk IV. Landbouw

Landbouw, jacht, bosbouw, vissen (ISIC A-B)

De sector van de landbouw in Amerika steeg van US$88,5 miljard per jaar in de jaren 1970 tot US$486,1 miljard per jaar in de jaren 2010, dat wil zeggen met US$397,7 miljard of 5,5 keer. De verandering vond plaats op US$254,6 miljard als gevolg van een 2,1-voudige stijging van de prijzen, en ook op US$77,5 miljard als gevolg van een 1,5-voudige toename van de productiviteit , evenals op US$65,6 miljard als gevolg van de toename van de bevolking. De gemiddelde jaarlijkse groei van de landbouw is 2,4%. De minimumwaarde van de landbouw bedroeg US$48,3 miljard in 1970. De maximumwaarde van de landbouw bedroeg US$548,6 miljard in 2013.

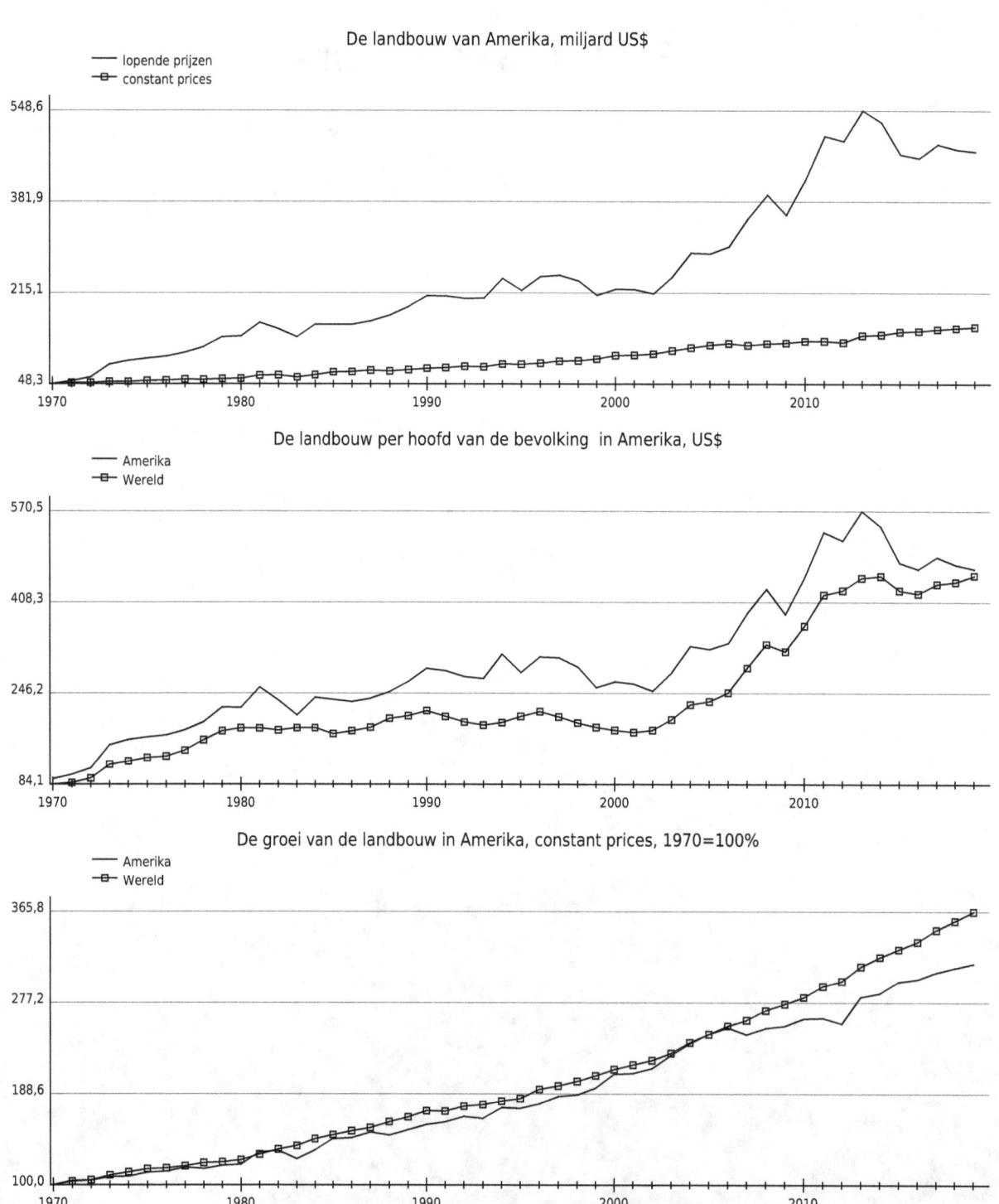

De landbouw van Amerika, miljard US$

De landbouw per hoofd van de bevolking in Amerika, US$

De groei van de landbouw in Amerika, constant prices, 1970=100%

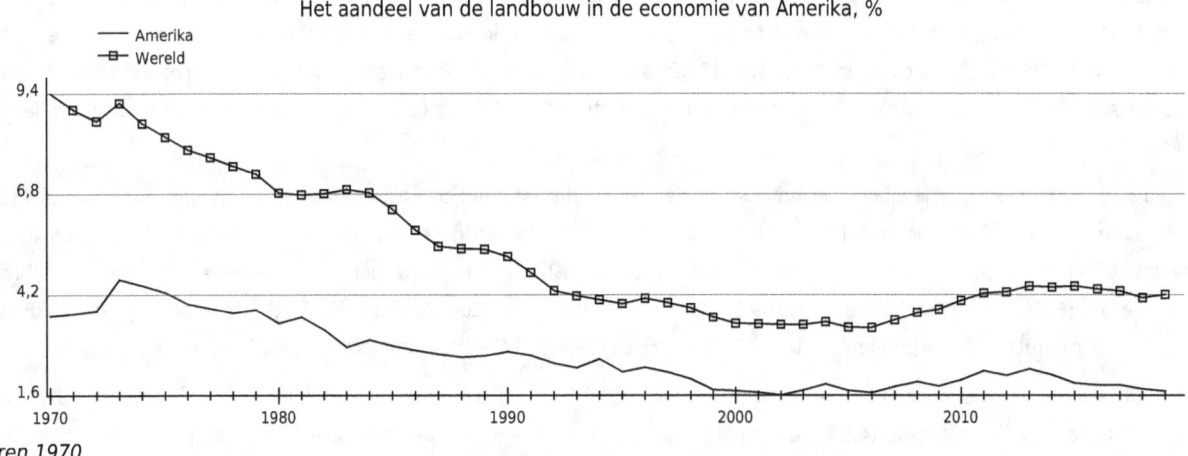

Het aandeel van de landbouw in de economie van Amerika, %

de jaren 1970

De landbouw van Amerika bedroeg in de jaren 1970 US$88,5 miljard per jaar, en was vergelijkbaar met de Sovjet-Unie (US$88,7 miljard). Het aandeel in de wereld was 17,2%.

Het aandeel van de landbouw in de economie van Amerika was 4,0% in de jaren 1970.

De landbouw per hoofd in Amerika was $158,1 in de jaren 1970s, en was vergelijkbaar met de Cookeilanden (US$157,2), de FS van Micronesië (US$156,2), Sao Tomé en Principe (US$161,8). De toegevoegde waarde van de landbouw per hoofd in Amerika was 23,9% hoger dan de landbouw per hoofd van de bevolking in de wereld ($127,6).

De groei van de landbouw in Amerika bedroeg 1.9% in de jaren 1970. De groei van de landbouw in Amerika (1,9%) was minder dan de groei van de landbouw in de wereld (2,2%).

Vergelijking met regio's. De sector van de landbouw in Amerika was groter dan in Afrika (US$46,1 miljard) en in Oceanië (US$8,1 miljard); maar minder dan in Europa (US$194,6 miljard) en in Azië (US$178,2 miljard). De waarde van de landbouw per hoofd in Amerika was groter dan in Afrika (US$112,2) en in Azië (US$76,7); maar minder dan in Oceanië (US$377,5) en in Europa (US$268,3). De groei van de landbouw in Amerika was groter dan in Afrika (1,7%); maar minder dan in Europa (3,3%), in Oceanië (2,4%) en in Azië (2,0%).

Subregio's. De toegevoegde waarde van de landbouw in Amerika in de jaren 1970 bestond uit: Noord-Amerika (56,0%), Zuid-Amerika (28,0%), Centraal-Amerika (12,6%) en Caraïben (3,5%). Het aandeel van de landbouw in de economie van subregio's: Zuid-Amerika (10,6%), Centraal-Amerika (9,9%), Caraïben (9,0%) en Noord-Amerika (2,7%). De landbouw per hoofd van de bevolking in subregio's: Noord-Amerika ($205,3), Centraal-Amerika ($140,7), Caraïben ($116,5) en Zuid-Amerika ($116,2). De groei van de landbouw in subregio's: Centraal-Amerika (3,3%), Caraïben (3,2%), Zuid-Amerika (3,1%) en Noord-Amerika (0,32%).

Leiders. De waarde van de landbouw in Amerika in de jaren 1970 bestond uit: Verenigde Staten (48,1%), Brazilië (12,2%), Mexico (10,0%), Canada (7,8%), Argentinië (4,4%), en andere (17,5%). Het aandeel van de landbouw in economie van de leiders: Brazilië (11,1%), Mexico (8,9%), Argentinië (8,4%), Canada (4,5%) en Verenigde Staten (2,5%). De waarde van de landbouw per hoofd in Amerika onder de leiders: Canada ($303,2), Verenigde Staten ($195,0), Argentinië ($151,6), Mexico ($150,1) en Brazilië ($101,8). De groei van de landbouw onder de leiders: Brazilië (4,2%), Mexico (3,0%), Argentinië (2,9%), Verenigde Staten (0,34%) en Canada (0,17%).

de jaren 1980

De waarde van de landbouw in Amerika bedroeg in de jaren 1980 US$157,4 miljard per jaar. Het aandeel in de wereld was 17,4%.

Het aandeel van de landbouw in de economie van Amerika was 2,9% in de jaren 1980, en was vergelijkbaar met Noord-Europa (2,9%).

De waarde van de landbouw per hoofd in Amerika was $237,6 in de jaren 1980s, en was vergelijkbaar met Melanesië (US$236,5), de Verenigde Arabische Emiraten (US$238,9), Argentinië (US$235,9). De sector van de landbouw per hoofd in Amerika was 27,3% hoger dan de landbouw per hoofd van de bevolking in de wereld ($186,6).

De groei van de landbouw in Amerika bedroeg 2.6% in de jaren 1980, en was vergelijkbaar met Congo-Kinshasa (2,6%), Oost-Afrika (2,6%), IJsland (2,6%). De groei van de landbouw in Amerika (2,6%) was minder dan de groei van de landbouw in de wereld (3,1%).

Vergelijking met regio's. De toegevoegde waarde van de landbouw in Amerika was groter dan in Afrika (US$86,2 miljard) en in Oceanië (US$13,5 miljard); maar minder dan in Azië (US$348,3 miljard) en in Europa (US$296,5 miljard). De sector van de landbouw per hoofd in Amerika was groter dan in Afrika (US$159,2) en in Azië (US$122,8); maar minder dan in Oceanië (US$545,9) en in Europa (US$386,3). De groei van de landbouw in Amerika was groter dan in Europa (2,1%) en in Oceanië (2,0%); maar minder dan in Azië (3,8%) en in Afrika (2,8%).

Subregio's. De sector van de landbouw in Amerika in de jaren 1980 bestond uit: Noord-Amerika (51,6%), Zuid-Amerika (31,9%), Centraal-Amerika (12,8%) en Caraïben (3,7%). Het aandeel van de landbouw in de economie van subregio's: Zuid-Amerika (9,5%), Caraïben (7,9%), Centraal-Amerika (7,6%) en Noord-Amerika (1,8%). De landbouw per hoofd van de bevolking in subregio's: Noord-Amerika ($306,1), Centraal-Amerika ($199,3), Caraïben ($191,3) en Zuid-Amerika ($189,1). De groei van de landbouw in subregio's: Noord-Amerika (3,5%), Zuid-Amerika (2,5%), Caraïben (2,0%) en Centraal-Amerika (0,51%).

Leiders. De waarde van de landbouw in Amerika in de jaren 1980 bestond uit: Verenigde Staten (43,6%), Brazilië (14,9%), Mexico (10,0%), Canada (7,9%), Argentinië (4,5%), en andere (19,1%). Het aandeel van de landbouw in economie van de leiders: Brazilië (9,8%), Argentinië (7,7%), Mexico (6,7%), Canada (3,4%) en Verenigde Staten (1,6%). De landbouw per hoofd in Amerika onder de leiders: Canada ($482,3), Verenigde Staten ($286,8), Argentinië ($235,9), Mexico ($210,1) en Brazilië ($175,1). De groei van de landbouw onder de leiders: Brazilië (3,8%), Verenigde Staten (3,7%), Canada (2,5%), Mexico (1,4%) en Argentinië (-0,12%).

de jaren 1990

De toegevoegde waarde van de landbouw in Amerika bedroeg in de jaren 1990 US$222,9 miljard per jaar. Het aandeel in de wereld was 19,6%.

Het aandeel van de landbouw in de economie van Amerika was 2,3% in de jaren 1990.

De waarde van de landbouw per hoofd in Amerika was $288,9 in de jaren 1990s, en was vergelijkbaar met Syrië (US$290,2), Albanië (US$292,3), Litouwen (US$293,7). De sector van de landbouw per hoofd in Amerika was 44,6% hoger dan de landbouw per hoofd van de bevolking in de wereld ($199,8).

De groei van de landbouw in Amerika bedroeg 2.4% in de jaren 1990, en was vergelijkbaar met Noord-Amerika (2,4%). De groei van de landbouw in Amerika (2,4%) was groter dan de groei van de landbouw in de wereld (2,2%).

Vergelijking met regio's. De waarde van de landbouw in Amerika was groter dan in Afrika (US$95,3 miljard) en in Oceanië (US$17,6 miljard); maar minder dan in Azië (US$525,3 miljard) en in Europa (US$277,7 miljard). De waarde van de landbouw per hoofd in Amerika was groter dan in Azië (US$151,6) en in Afrika (US$134,5); maar minder dan in Oceanië (US$608,8) en in Europa (US$382,2). De groei van de landbouw in Amerika was groter dan in Europa (-1,6%); maar minder dan in Oceanië (3,7%), in Azië (3,2%) en in Afrika (2,8%).

Subregio's. De sector van de landbouw in Amerika in de jaren 1990 bestond uit: Noord-Amerika (50,1%), Zuid-Amerika (34,5%), Centraal-Amerika (12,7%) en Caraïben (2,7%). Het aandeel van de landbouw in de economie van subregio's: Zuid-Amerika (6,9%), Centraal-Amerika (5,9%), Caraïben (5,3%) en Noord-Amerika (1,4%). De landbouw per hoofd van de bevolking in subregio's: Noord-Amerika ($380,2), Zuid-Amerika ($240,6), Centraal-Amerika ($230,3) en Caraïben ($172,0). De groei van de landbouw in subregio's: Zuid-Amerika (2,9%), Noord-Amerika (2,4%), Centraal-Amerika (2,3%) en Caraïben (-2,1%).

Leiders. De landbouw van Amerika in de jaren 1990 bestond uit: Verenigde Staten (43,1%), Brazilië (16,5%), Mexico (9,9%), Canada (6,9%), Argentinië (5,7%), en andere (17,9%). Het aandeel van de landbouw in economie van de leiders: Brazilië (6,4%), Argentinië (5,4%), Mexico (5,0%), Canada (2,7%) en Verenigde Staten (1,3%). De waarde van de landbouw per hoofd in Amerika onder de leiders: Canada ($527,4), Argentinië ($370,0), Verenigde Staten ($363,4), Mexico ($243,1) en Brazilië ($228,7). De groei van de landbouw onder de leiders: Argentinië (3,8%), Brazilië (3,0%), Verenigde Staten (2,6%), Mexico (2,0%) en Canada (1,1%).

de jaren 2000

De sector van de landbouw in Amerika bedroeg in de jaren 2000 US$287,7 miljard per jaar, en was vergelijkbaar met Europa (US$282,9 miljard). Het aandeel in de wereld was 18,4%.

Het aandeel van de landbouw in de economie van Amerika was 1,8% in de jaren 2000, en was vergelijkbaar met Nieuw-Caledonië (1,8%).

De toegevoegde waarde van de landbouw per hoofd in Amerika was $327,5 in de jaren 2000s, en was vergelijkbaar met Soedan

(US$326,8), Gabon (US$329,0), de Seychellen (US$320,9). De waarde van de landbouw per hoofd in Amerika was 36,3% hoger dan de landbouw per hoofd van de bevolking in de wereld ($240,3).

De groei van de landbouw in Amerika bedroeg 2.7% in de jaren 2000, en was vergelijkbaar met Qatar (2,7%). De groei van de landbouw in Amerika (2,7%) was minder dan de groei van de landbouw in de wereld (3,0%).

Vergelijking met regio's. De sector van de landbouw in Amerika was groter dan in Europa (US$282,9 miljard), in Afrika (US$165,0 miljard) en in Oceanië (US$26,9 miljard); maar minder dan in Azië (US$800,3 miljard). De waarde van de landbouw per hoofd in Amerika was groter dan in Azië (US$202,4) en in Afrika (US$182,0); maar minder dan in Oceanië (US$806,4) en in Europa (US$387,0). De groei van de landbouw in Amerika was groter dan in Oceanië (1,5%) en in Europa (1,2%); maar minder dan in Afrika (5,1%) en in Azië (3,1%).

Subregio's. De waarde van de landbouw in Amerika in de jaren 2000 bestond uit: Noord-Amerika (49,8%), Zuid-Amerika (34,9%), Centraal-Amerika (12,9%) en Caraïben (2,4%). Het aandeel van de landbouw in de economie van subregio's: Zuid-Amerika (6,3%), Centraal-Amerika (4,0%), Caraïben (3,2%) en Noord-Amerika (1,1%). De landbouw per hoofd van de bevolking in subregio's: Noord-Amerika ($439,1), Zuid-Amerika ($272,2), Centraal-Amerika ($256,8) en Caraïben ($178,0). De groei van de landbouw in subregio's: Noord-Amerika (3,2%), Zuid-Amerika (2,6%), Centraal-Amerika (1,9%) en Caraïben (0,94%).

Leiders. De waarde van de landbouw in Amerika in de jaren 2000 bestond uit: Verenigde Staten (42,6%), Brazilië (16,1%), Mexico (9,7%), Canada (7,1%), Argentinië (5,5%), en andere (19,0%). Het aandeel van de landbouw in economie van de leiders: Argentinië (7,6%), Brazilië (5,6%), Mexico (3,4%), Canada (2,0%) en Verenigde Staten (0,97%). De waarde van de landbouw per hoofd in Amerika onder de leiders: Canada ($634,5), Verenigde Staten ($416,9), Argentinië ($409,8), Mexico ($265,7) en Brazilië ($250,3). De groei van de landbouw onder de leiders: Verenigde Staten (3,6%), Brazilië (3,4%), Mexico (1,6%), Canada (1,2%) en Argentinië (-0,54%).

de jaren 2010

De sector van de landbouw in Amerika bedroeg in de jaren 2010 US$486,1 miljard per jaar. Het aandeel in de wereld was 15,3%.

Het aandeel van de landbouw in de economie van Amerika was 2,0% in de jaren 2010, en was vergelijkbaar met Europa (1,9%).

De toegevoegde waarde van de landbouw per hoofd in Amerika was $498,8 in de jaren 2010s, en was vergelijkbaar met de Salomonseilanden (US$503,7), Melanesië (US$493,3), Centraal-Azië (US$492,5). De sector van de landbouw per hoofd in Amerika was 15,4% hoger dan de landbouw per hoofd van de bevolking in de wereld ($432,1).

De groei van de landbouw in Amerika bedroeg 2.2% in de jaren 2010, en was vergelijkbaar met de Maldiven (2,1%). De groei van de landbouw in Amerika (2,2%) was minder dan de groei van de landbouw in de wereld (2,9%).

Vergelijking met regio's. De sector van de landbouw in Amerika was 32,9% groter dan in Europa (US$365,8 miljard), 41,4% groter dan in Afrika (US$343,8 miljard) en 10,0 keer groter dan in Oceanië (US$48,8 miljard); maar 4,0 keer minder dan in Azië (US$1,9 biljoen). De sector van de landbouw per hoofd in Amerika was 1,5% groter dan in Europa (US$491,7), 14,2% groter dan in Azië (US$436,7) en 69,5% groter dan in Afrika (US$294,3); maar 2,5 keer minder dan in Oceanië (US$1.242,3). De groei van de landbouw in Amerika was groter dan in Europa (0,73%) en in Oceanië (-0,30%); maar minder dan in Afrika (3,7%) en in Azië (3,3%).

Subregio's. De toegevoegde waarde van de landbouw in Amerika in de jaren 2010 bestond uit: Noord-Amerika (43,4%), Zuid-Amerika (43,1%), Centraal-Amerika (11,2%) en Caraïben (2,2%). Het aandeel van de landbouw in de economie van subregio's: Zuid-Amerika (5,9%), Centraal-Amerika (4,1%), Caraïben (3,3%) en Noord-Amerika (1,1%). De landbouw per hoofd van de bevolking in subregio's: Noord-Amerika ($593,8), Zuid-Amerika ($511,1), Centraal-Amerika ($325,9) en Caraïben ($263,5). De groei van de landbouw in subregio's: Centraal-Amerika (2,4%), Caraïben (2,3%), Noord-Amerika (2,2%) en Zuid-Amerika (2,0%).

Leiders. De waarde van de landbouw in Amerika in de jaren 2010 bestond uit: Verenigde Staten (37,1%), Brazilië (19,6%), Mexico (8,0%), Argentinië (7,1%), Canada (6,2%), en andere (22,1%). Het aandeel van de landbouw in economie van de leiders: Argentinië (7,4%), Brazilië (5,1%), Mexico (3,4%), Canada (1,9%) en Verenigde Staten (1,0%). De waarde van de landbouw per hoofd in Amerika onder de leiders: Canada ($845,0), Argentinië ($802,4), Verenigde Staten ($564,3), Brazilië ($467,2) en Mexico ($320,3). De groei van de landbouw onder de leiders: Argentinië (4,0%), Canada (3,4%), Brazilië (3,4%), Mexico (2,4%) en Verenigde Staten (2,0%).

Hoofdstuk V. Industrie

Mijnbouw, productie, nutsbedrijven (ISIC C-E)

De toegevoegde waarde van de industrie in Amerika steeg van US$610,8 miljard per jaar in de jaren 1970 tot US$4,2 biljoen per jaar in de jaren 2010, dat wil zeggen met US$3,6 biljoen of 6,9 keer. De verandering vond plaats op US$2,8 biljoen als gevolg van een 3,0-voudige stijging van de prijzen, en ook op US$337,8 miljard als gevolg van een 1,3-voudige toename van de productiviteit , evenals op US$452,5 miljard als gevolg van de toename van de bevolking. De gemiddelde jaarlijkse groei van de industrie is 2,2%. De minimumwaarde van de industrie bedroeg US$364,7 miljard in 1970. De maximumwaarde van de industrie bedroeg US$4,5 biljoen in 2014.

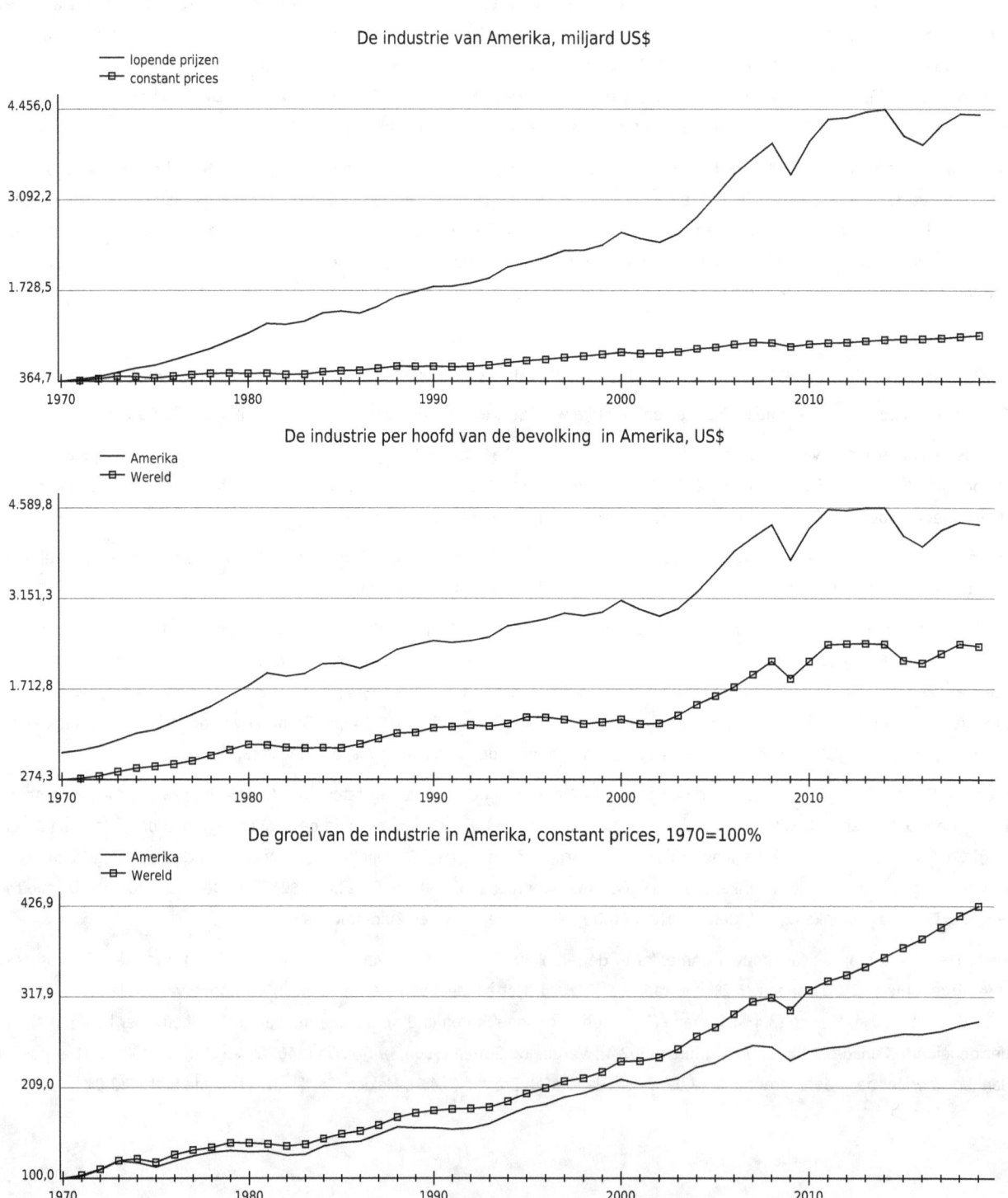

De industrie van Amerika, miljard US$

De industrie per hoofd van de bevolking in Amerika, US$

De groei van de industrie in Amerika, constant prices, 1970=100%

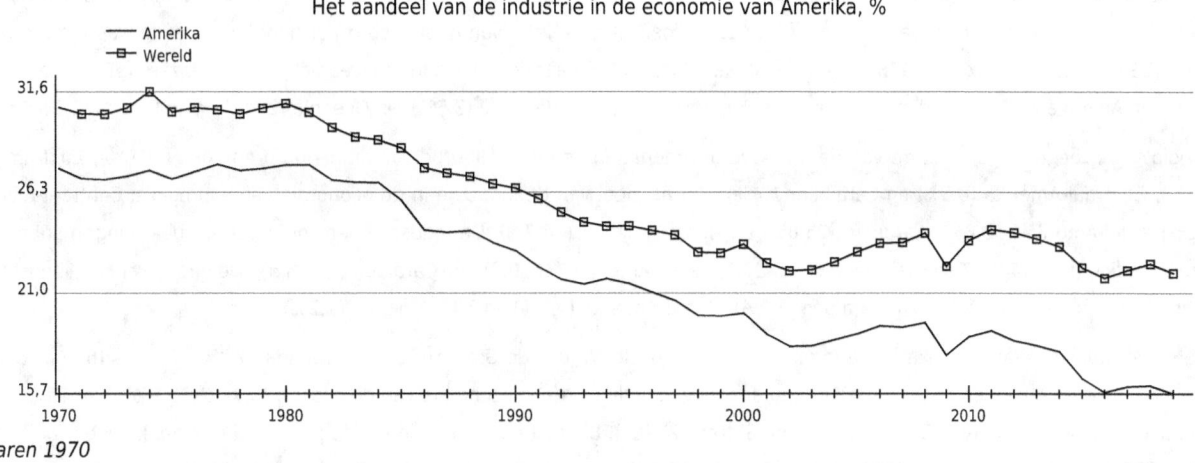

Het aandeel van de industrie in de economie van Amerika, %

de jaren 1970

De toegevoegde waarde van de industrie in Amerika bedroeg in de jaren 1970 US$610,8 miljard per jaar. Het aandeel in de wereld was 31,5%.

Het aandeel van de industrie in de economie van Amerika was 27,4% in de jaren 1970, en was vergelijkbaar met West-Afrika (27,4%), Sri Lanka (27,3%), Zuidoost-Azië (27,2%).

De waarde van de industrie per hoofd in Amerika was $1.091,1 in de jaren 1970s, en was vergelijkbaar met Italië (US$1.092,7). De toegevoegde waarde van de industrie per hoofd in Amerika was in 2,3 keer hoger dan de industrie per hoofd van de bevolking in de wereld ($480,5).

De groei van de industrie in Amerika bedroeg 3.2% in de jaren 1970, en was vergelijkbaar met Canada (3,2%). De groei van de industrie in Amerika (3,2%) was minder dan de groei van de industrie in de wereld (4,0%).

Vergelijking met regio's. De sector van de industrie in Amerika was groter dan in Azië (US$403,8 miljard), in Afrika (US$74,4 miljard) en in Oceanië (US$30,2 miljard); maar minder dan in Europa (US$820,9 miljard). De toegevoegde waarde van de industrie per hoofd in Amerika was groter dan in Afrika (US$181,2) en in Azië (US$173,9); maar minder dan in Oceanië (US$1.413,2) en in Europa (US$1.131,6). De groei van de industrie in Amerika was groter dan in Oceanië (3,0%); maar minder dan in Azië (5,7%), in Afrika (5,5%) en in Europa (3,6%).

Subregio's. De sector van de industrie in Amerika in de jaren 1970 bestond uit: Noord-Amerika (81,1%), Zuid-Amerika (12,8%), Centraal-Amerika (4,8%) en Caraïben (1,4%). Het aandeel van de industrie in de economie van subregio's: Zuid-Amerika (33,5%), Noord-Amerika (26,8%), Centraal-Amerika (25,9%) en Caraïben (24,2%). De industrie per hoofd van de bevolking in subregio's: Noord-Amerika ($2.053,6), Zuid-Amerika ($367,3), Centraal-Amerika ($367,0) en Caraïben ($311,5). De groei van de industrie in subregio's: Centraal-Amerika (7,2%), Caraïben (5,3%), Zuid-Amerika (5,1%) en Noord-Amerika (2,5%).

Leiders. De waarde van de industrie in Amerika in de jaren 1970 bestond uit: Verenigde Staten (73,7%), Canada (7,3%), Brazilië (5,3%), Mexico (4,3%), Argentinië (2,8%), en andere (6,6%). Het aandeel van de industrie in economie van de leiders: Argentinië (36,3%), Brazilië (33,1%), Canada (28,9%), Mexico (26,6%) en Verenigde Staten (26,6%). De waarde van de industrie per hoofd in Amerika onder de leiders: Verenigde Staten ($2.063,8), Canada ($1.963,4), Argentinië ($655,8), Mexico ($448,8) en Brazilië ($304,0). De groei van de industrie onder de leiders: Brazilië (9,3%), Mexico (7,5%), Canada (3,2%), Argentinië (2,4%) en Verenigde Staten (2,4%).

de jaren 1980

De sector van de industrie in Amerika bedroeg in de jaren 1980 US$1,4 biljoen per jaar. Het aandeel in de wereld was 33,2%.

Het aandeel van de industrie in de economie van Amerika was 25,6% in de jaren 1980, en was vergelijkbaar met de Caraïben (25,6%), België (25,5%), Swaziland (25,4%).

De toegevoegde waarde van de industrie per hoofd in Amerika was $2.085,6 in de jaren 1980s. De sector van de industrie per hoofd in Amerika was in 2,4 keer hoger dan de industrie per hoofd van de bevolking in de wereld ($861,8).

De groei van de industrie in Amerika bedroeg 1.9% in de jaren 1980, en was vergelijkbaar met Gabon (1,9%), Canada (1,9%), IJsland (1,9%). De groei van de industrie in Amerika (1,9%) was minder dan de groei van de industrie in de wereld (2,3%).

Vergelijking met regio's. De industrie van Amerika was groter dan in Azië (US$1,1 biljoen), in Afrika (US$156,3 miljard) en in Oceanië (US$63,7 miljard); maar minder dan in Europa (US$1,5 biljoen). De waarde van de industrie per hoofd in Amerika was groter dan in Europa (US$1.933,8), in Azië (US$380,7) en in Afrika (US$288,5); maar minder dan in Oceanië (US$2,6 duizend). De groei van de industrie in Amerika was groter dan in Afrika (-0,99%); maar minder dan in Azië (3,5%), in Oceanië (2,9%) en in Europa (2,3%).

Subregio's. De toegevoegde waarde van de industrie in Amerika in de jaren 1980 bestond uit: Noord-Amerika (79,6%), Zuid-Amerika (12,5%), Centraal-Amerika (6,5%) en Caraïben (1,4%). Het aandeel van de industrie in de economie van subregio's: Centraal-Amerika (34,2%), Zuid-Amerika (32,8%), Caraïben (25,6%) en Noord-Amerika (24,2%). De industrie per hoofd van de bevolking in subregio's: Noord-Amerika ($4.144,7), Centraal-Amerika ($893,3), Zuid-Amerika ($650,3) en Caraïben ($618,5). De groei van de industrie in subregio's: Centraal-Amerika (2,9%), Caraïben (2,9%), Noord-Amerika (1,9%) en Zuid-Amerika (1,2%).

Leiders. De industrie van Amerika in de jaren 1980 bestond uit: Verenigde Staten (72,4%), Canada (7,2%), Mexico (6,1%), Brazilië (5,8%), Argentinië (2,1%), en andere (6,4%). Het aandeel van de industrie in economie van de leiders: Mexico (35,9%), Brazilië (33,5%), Argentinië (31,2%), Canada (27,5%) en Verenigde Staten (23,9%). De waarde van de industrie per hoofd in Amerika onder de leiders: Verenigde Staten ($4.176,6), Canada ($3.860,9), Mexico ($1.123,6), Argentinië ($955,5) en Brazilië ($596,7). De groei van de industrie onder de leiders: Mexico (3,1%), Brazilië (2,0%), Verenigde Staten (1,9%), Canada (1,9%) en Argentinië (-1,5%).

de jaren 1990

De industrie van Amerika bedroeg in de jaren 1990 US$2,1 biljoen per jaar. Het aandeel in de wereld was 31,1%.

Het aandeel van de industrie in de economie van Amerika was 21,2% in de jaren 1990, en was vergelijkbaar met Guinee (21,2%), Israël (21,2%), Montenegro (21,3%).

De waarde van de industrie per hoofd in Amerika was $2.704,1 in de jaren 1990s, en was vergelijkbaar met Zuid-Korea (US$2,7 duizend). De waarde van de industrie per hoofd in Amerika was in 2,3 keer hoger dan de industrie per hoofd van de bevolking in de wereld ($1.175,6).

De groei van de industrie in Amerika bedroeg 2.8% in de jaren 1990, en was vergelijkbaar met Saint Kitts en Nevis (2,8%), Brunei (2,8%), Peru (2,8%). De groei van de industrie in Amerika (2,8%) was groter dan de groei van de industrie in de wereld (2,5%).

Vergelijking met regio's. De waarde van de industrie in Amerika was groter dan in Afrika (US$157,8 miljard) en in Oceanië (US$88,9 miljard); maar minder dan in Azië (US$2,2 biljoen) en in Europa (US$2,2 biljoen). De sector van de industrie per hoofd in Amerika was groter dan in Azië (US$639,7) en in Afrika (US$222,8); maar minder dan in Oceanië (US$3,1 duizend) en in Europa (US$3,0 duizend). De groei van de industrie in Amerika was groter dan in Oceanië (2,3%), in Afrika (1,3%) en in Europa (0,0047%); maar minder dan in Azië (5,5%).

Subregio's. De sector van de industrie in Amerika in de jaren 1990 bestond uit: Noord-Amerika (79,0%), Zuid-Amerika (13,0%), Centraal-Amerika (6,5%) en Caraïben (1,6%). Het aandeel van de industrie in de economie van subregio's: Caraïben (28,5%), Centraal-Amerika (27,9%), Zuid-Amerika (24,2%) en Noord-Amerika (20,2%). De industrie per hoofd van de bevolking in subregio's: Noord-Amerika ($5.611,9), Centraal-Amerika ($1.096,6), Caraïben ($924,3) en Zuid-Amerika ($847,9). De groei van de industrie in subregio's: Centraal-Amerika (3,6%), Noord-Amerika (2,8%), Caraïben (2,7%) en Zuid-Amerika (2,3%).

Leiders. De industrie van Amerika in de jaren 1990 bestond uit: Verenigde Staten (72,3%), Canada (6,6%), Brazilië (6,1%), Mexico (6,0%), Argentinië (2,5%), en andere (6,3%). Het aandeel van de industrie in economie van de leiders: Mexico (28,7%), Canada (24,2%), Argentinië (22,4%), Brazilië (22,2%) en Verenigde Staten (19,9%). De toegevoegde waarde van de industrie per hoofd in Amerika onder de leiders: Verenigde Staten ($5.704,4), Canada ($4.783,1), Argentinië ($1.530,5), Mexico ($1.384,8) en Brazilië ($794,7). De groei van de industrie onder de leiders: Argentinië (4,3%), Mexico (3,5%), Verenigde Staten (2,8%), Canada (2,5%) en Brazilië (0,67%).

de jaren 2000

De sector van de industrie in Amerika bedroeg in de jaren 2000 US$3,1 biljoen per jaar. Het aandeel in de wereld was 30,0%.

Het aandeel van de industrie in de economie van Amerika was 18,8% in de jaren 2000, en was vergelijkbaar met Cambodja (18,8%), Kirgizië (18,7%), Bangladesh (18,9%).

De sector van de industrie per hoofd in Amerika was $3.499,5 in de jaren 2000s, en was vergelijkbaar met Gabon (US$3,5 duizend). De sector van de industrie per hoofd in Amerika was in 2,2 keer hoger dan de industrie per hoofd van de bevolking in de wereld

($1.573,8).

De groei van de industrie in Amerika bedroeg 1.4% in de jaren 2000, en was vergelijkbaar met Guinee (1,4%), Griekenland (1,4%), Moldavië (1,4%). De groei van de industrie in Amerika (1,4%) was minder dan de groei van de industrie in de wereld (2,9%).

Vergelijking met regio's. De toegevoegde waarde van de industrie in Amerika was groter dan in Europa (US$2,9 biljoen), in Afrika (US$319,5 miljard) en in Oceanië (US$152,2 miljard); maar minder dan in Azië (US$3,8 biljoen). De sector van de industrie per hoofd in Amerika was groter dan in Azië (US$951,8) en in Afrika (US$352,5); maar minder dan in Oceanië (US$4,6 duizend) en in Europa (US$4,0 duizend). De groei van de industrie in Amerika was groter dan in Europa (0,63%); maar minder dan in Azië (5,7%), in Afrika (3,1%) en in Oceanië (1,8%).

Subregio's. De sector van de industrie in Amerika in de jaren 2000 bestond uit: Noord-Amerika (76,3%), Zuid-Amerika (13,9%), Centraal-Amerika (7,8%) en Caraïben (2,0%). Het aandeel van de industrie in de economie van subregio's: Caraïben (29,5%), Zuid-Amerika (26,6%), Centraal-Amerika (26,0%) en Noord-Amerika (17,2%). De industrie per hoofd van de bevolking in subregio's: Noord-Amerika ($7.195,7), Centraal-Amerika ($1.650,2), Caraïben ($1.620,3) en Zuid-Amerika ($1.156,1). De groei van de industrie in subregio's: Zuid-Amerika (2,4%), Caraïben (1,4%), Noord-Amerika (1,3%) en Centraal-Amerika (0,35%).

Leiders. De industrie van Amerika in de jaren 2000 bestond uit: Verenigde Staten (68,3%), Canada (8,0%), Mexico (7,2%), Brazilië (6,0%), Venezuela (2,2%), en andere (8,3%). Het aandeel van de industrie in economie van de leiders: Venezuela (41,3%), Mexico (26,7%), Canada (23,9%), Brazilië (22,2%) en Verenigde Staten (16,7%). De industrie per hoofd in Amerika onder de leiders: Canada ($7.681,8), Verenigde Staten ($7.144,5), Venezuela ($2.604,0), Mexico ($2.105,9) en Brazilië ($994,9). De groei van de industrie onder de leiders: Brazilië (2,5%), Verenigde Staten (1,5%), Venezuela (0,85%), Mexico (0,15%) en Canada (-0,63%).

de jaren 2010

De toegevoegde waarde van de industrie in Amerika bedroeg in de jaren 2010 US$4,2 biljoen per jaar. Het aandeel in de wereld was 24,9%.

Het aandeel van de industrie in de economie van Amerika was 17,1% in de jaren 2010, en was vergelijkbaar met Moldavië (17,0%).

De industrie per hoofd in Amerika was $4.354,8 in de jaren 2010s, en was vergelijkbaar met Nieuw-Caledonië (US$4,4 duizend), Libië (US$4,3 duizend), Zuidwest-Azië (US$4,3 duizend). De waarde van de industrie per hoofd in Amerika was 87,6% hoger dan de industrie per hoofd van de bevolking in de wereld ($2.320,9).

De groei van de industrie in Amerika bedroeg 1.8% in de jaren 2010. De groei van de industrie in Amerika (1,8%) was minder dan de groei van de industrie in de wereld (3,5%).

Vergelijking met regio's. De industrie van Amerika was 12,1% groter dan in Europa (US$3,8 biljoen), 7,4 keer groter dan in Afrika (US$571,4 miljard) en 15,2 keer groter dan in Oceanië (US$279,8 miljard); maar 47,9% minder dan in Azië (US$8,1 biljoen). De industrie per hoofd in Amerika was 2,4 keer groter dan in Azië (US$1.847,0) en 8,9 keer groter dan in Afrika (US$489,1); maar 38,9% minder dan in Oceanië (US$7,1 duizend) en 14,4% minder dan in Europa (US$5,1 duizend). De groei van de industrie in Amerika was groter dan in Afrika (0,035%); maar minder dan in Azië (5,6%), in Oceanië (2,6%) en in Europa (2,0%).

Subregio's. De sector van de industrie in Amerika in de jaren 2010 bestond uit: Noord-Amerika (71,9%), Zuid-Amerika (18,4%), Centraal-Amerika (7,6%) en Caraïben (2,2%). Het aandeel van de industrie in de economie van subregio's: Caraïben (27,8%), Centraal-Amerika (24,0%), Zuid-Amerika (22,1%) en Noord-Amerika (15,6%). De industrie per hoofd van de bevolking in subregio's: Noord-Amerika ($8.579,1), Caraïben ($2.210,1), Centraal-Amerika ($1.921,1) en Zuid-Amerika ($1.904,7). De groei van de industrie in subregio's: Noord-Amerika (2,2%), Centraal-Amerika (1,7%), Caraïben (0,30%) en Zuid-Amerika (0,22%).

Leiders. De sector van de industrie in Amerika in de jaren 2010 bestond uit: Verenigde Staten (64,6%), Brazilië (7,9%), Canada (7,2%), Mexico (6,8%), Argentinië (2,5%), en andere (11,0%). Het aandeel van de industrie in economie van de leiders: Mexico (25,3%), Argentinië (22,8%), Canada (19,2%), Brazilië (18,1%) en Verenigde Staten (15,3%). De toegevoegde waarde van de industrie per hoofd in Amerika onder de leiders: Verenigde Staten ($8.581,2), Canada ($8.579,0), Argentinië ($2.471,2), Mexico ($2.373,3) en Brazilië ($1.643,4). De groei van de industrie onder de leiders: Canada (2,5%), Verenigde Staten (2,2%), Mexico (1,5%), Brazilië (0,27%) en Argentinië (-0,33%).

Hoofdstuk 5.1. Fabricage

(ISIC D)

De sector van de fabricage in Amerika steeg van US$502,0 miljard per jaar in de jaren 1970 tot US$3,0 biljoen per jaar in de jaren 2010, dat wil zeggen met US$2,5 biljoen of 6,0 keer. De verandering vond plaats op US$1,8 biljoen als gevolg van een 2,6-voudige stijging van de prijzen, en ook op US$308,5 miljard als gevolg van een 1,4-voudige toename van de productiviteit , evenals op US$371,9 miljard als gevolg van de toename van de bevolking. De gemiddelde jaarlijkse groei van de fabricage is 2,2%. De minimumwaarde van de fabricage bedroeg US$309,7 miljard in 1970. De maximumwaarde van de fabricage bedroeg US$3,2 biljoen in 2019.

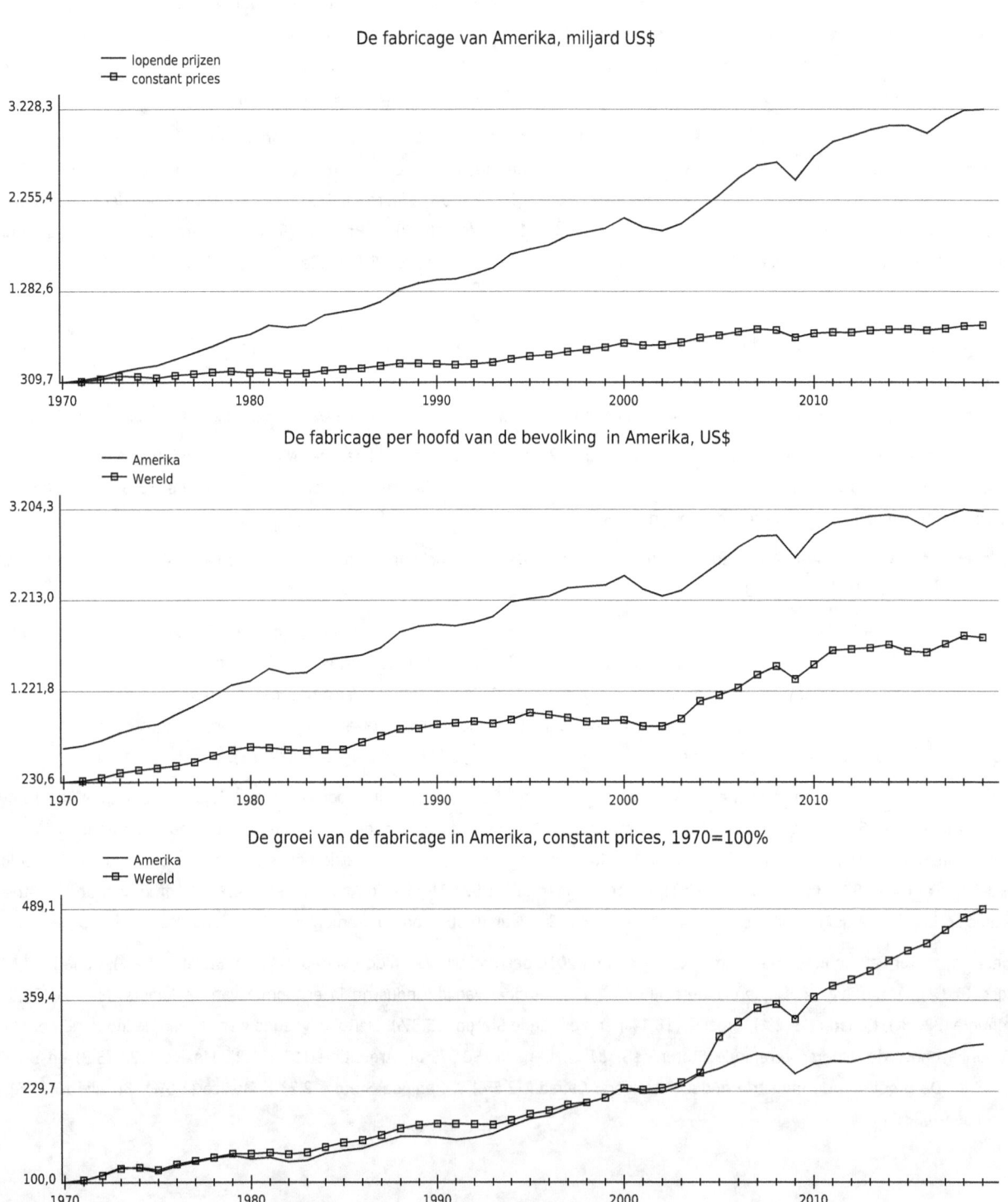

De fabricage van Amerika, miljard US$

De fabricage per hoofd van de bevolking in Amerika, US$

De groei van de fabricage in Amerika, constant prices, 1970=100%

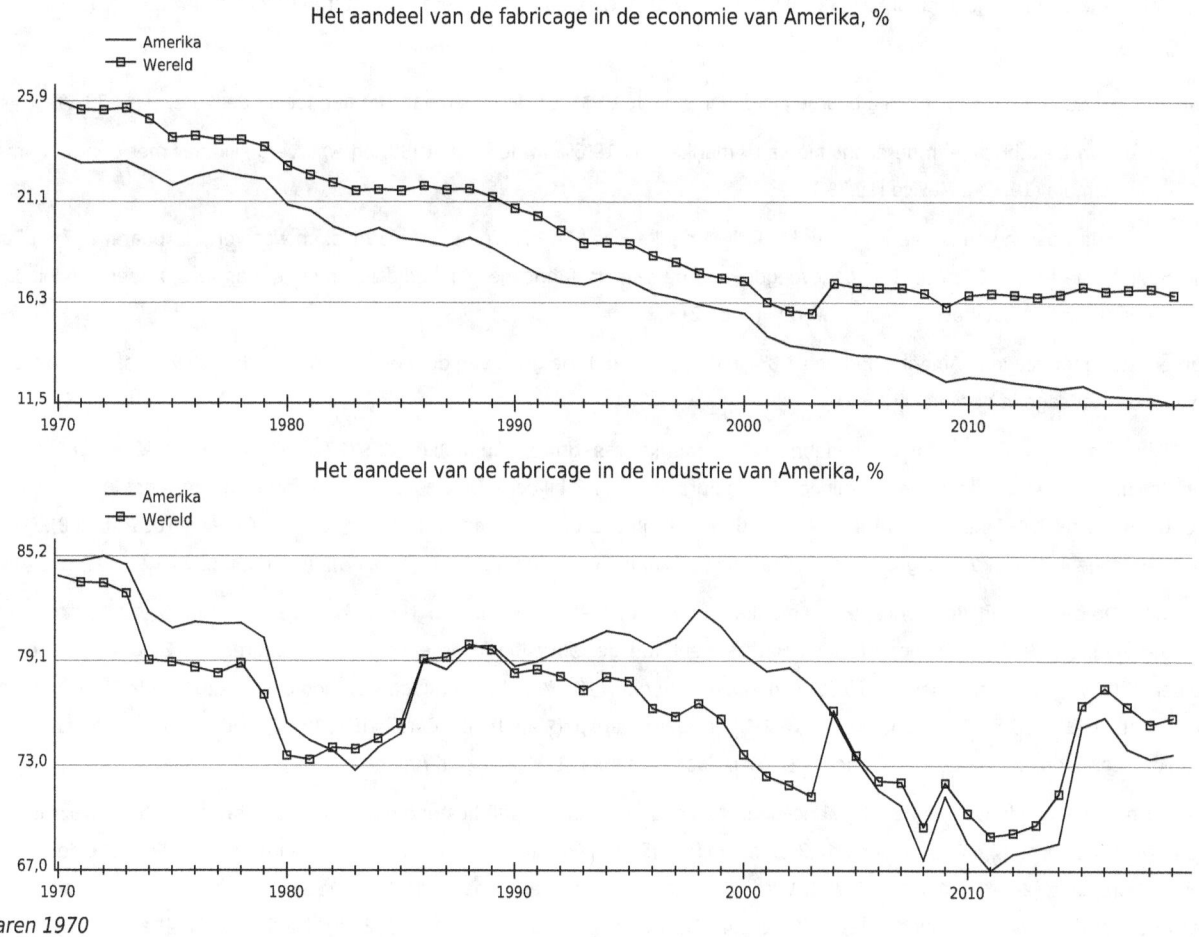

Het aandeel van de fabricage in de economie van Amerika, %

Het aandeel van de fabricage in de industrie van Amerika, %

de jaren 1970

De fabricage van Amerika bedroeg in de jaren 1970 US$502,0 miljard per jaar. Het aandeel in de wereld was 32,4%.

Het aandeel van de fabricage in de economie van Amerika was 22,5% in de jaren 1970, en was vergelijkbaar met Turkije (22,5%), Noord-Europa (22,6%), de Verenigde Staten (22,3%).

De waarde van de fabricage per hoofd in Amerika was $896,7 in de jaren 1970s, en was vergelijkbaar met Puerto Rico (US$900,9). De waarde van de fabricage per hoofd in Amerika was in 2,3 keer hoger dan de fabricage per hoofd van de bevolking in de wereld ($383,2).

De groei van de fabricage in Amerika bedroeg 3.6% in de jaren 1970. De groei van de fabricage in Amerika (3,6%) was minder dan de groei van de fabricage in de wereld (3,8%).

Vergelijking met regio's. De toegevoegde waarde van de fabricage in Amerika was groter dan in Azië (US$243,5 miljard), in Afrika (US$40,8 miljard) en in Oceanië (US$21,8 miljard); maar minder dan in Europa (US$739,4 miljard). De fabricage per hoofd in Amerika was groter dan in Azië (US$104,9) en in Afrika (US$99,3); maar minder dan in Oceanië (US$1.020,6) en in Europa (US$1.019,3). De groei van de fabricage in Amerika was groter dan in Europa (3,5%) en in Oceanië (2,1%); maar minder dan in Azië (5,6%) en in Afrika (4,9%).

Subregio's. De fabricage van Amerika in de jaren 1970 bestond uit: Noord-Amerika (81,6%), Zuid-Amerika (12,7%), Centraal-Amerika (4,4%) en Caraïben (1,3%). Het aandeel van de fabricage in de economie van subregio's: Zuid-Amerika (27,3%), Noord-Amerika (22,1%), Centraal-Amerika (19,7%) en Caraïben (19,0%). De fabricage per hoofd van de bevolking in subregio's: Noord-Amerika ($1.698,2), Zuid-Amerika ($299,4), Centraal-Amerika ($279,6) en Caraïben ($245,5). De groei van de fabricage in subregio's: Centraal-Amerika (6,9%), Caraïben (6,3%), Zuid-Amerika (5,9%) en Noord-Amerika (2,8%).

Leiders. De fabricage van Amerika in de jaren 1970 bestond uit: Verenigde Staten (75,3%), Canada (6,3%), Brazilië (5,9%), Mexico (3,9%), Argentinië (3,1%), en andere (5,5%). Het aandeel van de fabricage in economie van de leiders: Argentinië (33,1%), Brazilië (30,4%), Verenigde Staten (22,3%), Canada (20,3%) en Mexico (19,9%). De toegevoegde waarde van de fabricage per hoofd in Amerika onder de leiders: Verenigde Staten ($1.731,8), Canada ($1.382,9), Argentinië ($598,3), Mexico ($335,7) en Brazilië ($278,8). De groei van de fabricage onder de leiders: Brazilië (9,3%), Mexico (7,1%), Canada (4,5%), Verenigde Staten (2,7%) en Argentinië (2,2%).

de jaren 1980

De waarde van de fabricage in Amerika bedroeg in de jaren 1980 US$1,1 biljoen per jaar. Het aandeel in de wereld was 33,1%.

Het aandeel van de fabricage in de economie van Amerika was 19,6% in de jaren 1980, en was vergelijkbaar met Centraal-Amerika (19,5%), Guatemala (19,7%), Mexico (19,7%).

De toegevoegde waarde van de fabricage per hoofd in Amerika was $1.597,5 in de jaren 1980s, en was vergelijkbaar met Zuid-Europa (US$1.597,2), Israël (US$1.637,9). De toegevoegde waarde van de fabricage per hoofd in Amerika was in 2,4 keer hoger dan de fabricage per hoofd van de bevolking in de wereld ($661,2).

De groei van de fabricage in Amerika bedroeg 1.8% in de jaren 1980. De groei van de fabricage in Amerika (1,8%) was minder dan de groei van de fabricage in de wereld (2,6%).

Vergelijking met regio's. De sector van de fabricage in Amerika was groter dan in Azië (US$727,9 miljard), in Afrika (US$85,4 miljard) en in Oceanië (US$41,1 miljard); maar minder dan in Europa (US$1,3 biljoen). De waarde van de fabricage per hoofd in Amerika was groter dan in Azië (US$256,6) en in Afrika (US$157,6); maar minder dan in Europa (US$1.672,2) en in Oceanië (US$1.656,8). De groei van de fabricage in Amerika was groter dan in Oceanië (1,5%); maar minder dan in Azië (5,4%), in Europa (2,1%) en in Afrika (2,0%).

Subregio's. De sector van de fabricage in Amerika in de jaren 1980 bestond uit: Noord-Amerika (80,8%), Zuid-Amerika (12,9%), Centraal-Amerika (4,9%) en Caraïben (1,4%). Het aandeel van de fabricage in de economie van subregio's: Zuid-Amerika (26,0%), Caraïben (20,6%), Centraal-Amerika (19,5%) en Noord-Amerika (18,8%). De fabricage per hoofd van de bevolking in subregio's: Noord-Amerika ($3.220,6), Zuid-Amerika ($516,2), Centraal-Amerika ($509,0) en Caraïben ($497,2). De groei van de fabricage in subregio's: Caraïben (3,2%), Centraal-Amerika (2,0%), Noord-Amerika (1,9%) en Zuid-Amerika (1,1%).

Leiders. De toegevoegde waarde van de fabricage in Amerika in de jaren 1980 bestond uit: Verenigde Staten (74,6%), Brazilië (6,6%), Canada (6,1%), Mexico (4,4%), Argentinië (2,3%), en andere (5,9%). Het aandeel van de fabricage in economie van de leiders: Brazilië (29,4%), Argentinië (26,9%), Mexico (19,7%), Verenigde Staten (18,9%) en Canada (18,0%). De sector van de fabricage per hoofd in Amerika onder de leiders: Verenigde Staten ($3.296,4), Canada ($2.525,5), Argentinië ($822,5), Mexico ($616,4) en Brazilië ($524,4). De groei van de fabricage onder de leiders: Canada (2,2%), Mexico (2,2%), Brazilië (2,0%), Verenigde Staten (1,9%) en Argentinië (-2,0%).

de jaren 1990

De waarde van de fabricage in Amerika bedroeg in de jaren 1990 US$1,7 biljoen per jaar. Het aandeel in de wereld was 32,4%.

Het aandeel van de fabricage in de economie van Amerika was 17,0% in de jaren 1990, en was vergelijkbaar met Uruguay (17,1%), Canada (17,1%), Colombia (16,9%).

De waarde van de fabricage per hoofd in Amerika was $2.172,9 in de jaren 1990s, en was vergelijkbaar met Slovenië (US$2,2 duizend). De sector van de fabricage per hoofd in Amerika was in 2,4 keer hoger dan de fabricage per hoofd van de bevolking in de wereld ($908,4).

De groei van de fabricage in Amerika bedroeg 3% in de jaren 1990, en was vergelijkbaar met de Kaaimaneilanden (2,9%), Namibië (2,9%), de Marshalleilanden (3,0%). De groei van de fabricage in Amerika (3,0%) was groter dan de groei van de fabricage in de wereld (2,0%).

Vergelijking met regio's. De waarde van de fabricage in Amerika was groter dan in Azië (US$1,6 biljoen), in Afrika (US$88,4 miljard) en in Oceanië (US$57,4 miljard); maar minder dan in Europa (US$1,8 biljoen). De waarde van de fabricage per hoofd in Amerika was groter dan in Oceanië (US$1.986,6), in Azië (US$456,2) en in Afrika (US$124,8); maar minder dan in Europa (US$2,4 duizend). De groei van de fabricage in Amerika was groter dan in Oceanië (1,3%), in Afrika (0,55%) en in Europa (0,24%); maar minder dan in Azië (3,5%).

Subregio's. De fabricage van Amerika in de jaren 1990 bestond uit: Noord-Amerika (80,1%), Zuid-Amerika (12,4%), Centraal-Amerika (5,8%) en Caraïben (1,7%). Het aandeel van de fabricage in de economie van subregio's: Caraïben (24,4%), Centraal-Amerika (20,0%), Zuid-Amerika (18,7%) en Noord-Amerika (16,5%). De fabricage per hoofd van de bevolking in subregio's: Noord-Amerika ($4.574,3), Caraïben ($791,2), Centraal-Amerika ($786,6) en Zuid-Amerika ($653,1). De groei van de fabricage in subregio's: Centraal-Amerika

(4,2%), Noord-Amerika (3,2%), Caraïben (2,7%) en Zuid-Amerika (1,4%).

Leiders. De sector van de fabricage in Amerika in de jaren 1990 bestond uit: Verenigde Staten (74,3%), Brazilië (6,3%), Canada (5,8%), Mexico (5,3%), Argentinië (2,5%), en andere (5,7%). Het aandeel van de fabricage in economie van de leiders: Mexico (20,3%), Brazilië (18,4%), Argentinië (18,0%), Canada (17,1%) en Verenigde Staten (16,5%). De sector van de fabricage per hoofd in Amerika onder de leiders: Verenigde Staten ($4.707,3), Canada ($3.374,5), Argentinië ($1.228,5), Mexico ($979,6) en Brazilië ($660,3). De groei van de fabricage onder de leiders: Mexico (4,2%), Argentinië (3,8%), Verenigde Staten (3,2%), Canada (2,7%) en Brazilië (0,39%).

de jaren 2000

De fabricage van Amerika bedroeg in de jaren 2000 US$2,3 biljoen per jaar, en was vergelijkbaar met Europa (US$2,3 biljoen). Het aandeel in de wereld was 30,7%.

Het aandeel van de fabricage in de economie van Amerika was 13,9% in de jaren 2000, en was vergelijkbaar met Iran (13,9%), Fiji (13,8%), Noord-Europa (13,9%).

De fabricage per hoofd in Amerika was $2.583,7 in de jaren 2000s. De sector van de fabricage per hoofd in Amerika was in 2,3 keer hoger dan de fabricage per hoofd van de bevolking in de wereld ($1.138,1).

De groei van de fabricage in Amerika bedroeg 1.4% in de jaren 2000, en was vergelijkbaar met Melanesië (1,4%). De groei van de fabricage in Amerika (1,4%) was minder dan de groei van de fabricage in de wereld (4,2%).

Vergelijking met regio's. De toegevoegde waarde van de fabricage in Amerika was groter dan in Afrika (US$131,3 miljard) en in Oceanië (US$82,6 miljard); maar minder dan in Azië (US$2,6 biljoen) en in Europa (US$2,3 biljoen). De sector van de fabricage per hoofd in Amerika was groter dan in Oceanië (US$2,5 duizend), in Azië (US$659,1) en in Afrika (US$144,8); maar minder dan in Europa (US$3,2 duizend). De groei van de fabricage in Amerika was groter dan in Oceanië (0,79%) en in Europa (0,69%); maar minder dan in Azië (10,5%) en in Afrika (3,5%).

Subregio's. De fabricage van Amerika in de jaren 2000 bestond uit: Noord-Amerika (78,9%), Zuid-Amerika (11,8%), Centraal-Amerika (7,0%) en Caraïben (2,3%). Het aandeel van de fabricage in de economie van subregio's: Caraïben (24,8%), Centraal-Amerika (17,2%), Zuid-Amerika (16,8%) en Noord-Amerika (13,1%). De fabricage per hoofd van de bevolking in subregio's: Noord-Amerika ($5.491,1), Caraïben ($1.361,4), Centraal-Amerika ($1.092,6) en Zuid-Amerika ($728,1). De groei van de fabricage in subregio's: Zuid-Amerika (2,5%), Caraïben (1,6%), Noord-Amerika (1,3%) en Centraal-Amerika (0,090%).

Leiders. De waarde van de fabricage in Amerika in de jaren 2000 bestond uit: Verenigde Staten (72,5%), Mexico (6,4%), Canada (6,4%), Brazilië (6,0%), Argentinië (1,8%), en andere (7,0%). Het aandeel van de fabricage in economie van de leiders: Argentinië (19,2%), Mexico (17,4%), Brazilië (16,4%), Canada (14,0%) en Verenigde Staten (13,1%). De fabricage per hoofd in Amerika onder de leiders: Verenigde Staten ($5.600,5), Canada ($4.502,3), Mexico ($1.370,6), Argentinië ($1.037,2) en Brazilië ($734,9). De groei van de fabricage onder de leiders: Brazilië (2,3%), Argentinië (2,2%), Verenigde Staten (1,6%), Mexico (-0,11%) en Canada (-1,5%).

de jaren 2010

De fabricage van Amerika bedroeg in de jaren 2010 US$3,0 biljoen per jaar. Het aandeel in de wereld was 24,3%.

Het aandeel van de fabricage in de economie van Amerika was 12,2% in de jaren 2010.

De sector van de fabricage per hoofd in Amerika was $3.100,6 in de jaren 2010s. De toegevoegde waarde van de fabricage per hoofd in Amerika was 82,7% hoger dan de fabricage per hoofd van de bevolking in de wereld ($1.697,4).

De groei van de fabricage in Amerika bedroeg 1.6% in de jaren 2010. De groei van de fabricage in Amerika (1,6%) was minder dan de groei van de fabricage in de wereld (3,9%).

Vergelijking met regio's. De sector van de fabricage in Amerika was 4,3% groter dan in Europa (US$2,9 biljoen), 12,5 keer groter dan in Afrika (US$241,0 miljard) en 27,0 keer groter dan in Oceanië (US$111,8 miljard); maar 2,0 keer minder dan in Azië (US$6,2 biljoen). De toegevoegde waarde van de fabricage per hoofd in Amerika was 8,9% groter dan in Oceanië (US$2,8 duizend), 2,2 keer groter dan in Azië (US$1.401,2) en 15,0 keer groter dan in Afrika (US$206,2); maar 20,4% minder dan in Europa (US$3,9 duizend). De groei van de fabricage in Amerika was groter dan in Oceanië (-0,27%); maar minder dan in Azië (6,0%), in Afrika (3,6%) en in Europa (2,5%).

Subregio's. De fabricage van Amerika in de jaren 2010 bestond uit: Noord-Amerika (74,1%), Zuid-Amerika (15,9%), Centraal-Amerika (7,4%) en Caraïben (2,6%). Het aandeel van de fabricage in de economie van subregio's: Caraïben (23,7%), Centraal-Amerika (16,8%),

Zuid-Amerika (13,6%) en Noord-Amerika (11,4%). De fabricage per hoofd van de bevolking in subregio's: Noord-Amerika ($6.299,1), Caraïben ($1.885,7), Centraal-Amerika ($1.339,0) en Zuid-Amerika ($1.170,9). De groei van de fabricage in subregio's: Centraal-Amerika (2,9%), Noord-Amerika (1,9%), Caraïben (0,042%) en Zuid-Amerika (-0,63%).

Leiders. De sector van de fabricage in Amerika in de jaren 2010 bestond uit: Verenigde Staten (68,5%), Brazilië (7,7%), Mexico (6,5%), Canada (5,6%), Argentinië (2,6%), en andere (9,1%). Het aandeel van de fabricage in economie van de leiders: Mexico (17,4%), Argentinië (17,0%), Brazilië (12,6%), Verenigde Staten (11,5%) en Canada (10,5%). De waarde van de fabricage per hoofd in Amerika onder de leiders: Verenigde Staten ($6.481,0), Canada ($4.694,1), Argentinië ($1.841,2), Mexico ($1.633,1) en Brazilië ($1.144,2). De groei van de fabricage onder de leiders: Mexico (3,0%), Verenigde Staten (1,9%), Canada (1,7%), Argentinië (-0,30%) en Brazilië (-0,31%).

Hoofdstuk VI. Constructie

(ISIC F)

De waarde van de constructie in Amerika steeg van US$121,8 miljard per jaar in de jaren 1970 tot US$1,2 biljoen per jaar in de jaren 2010, dat wil zeggen met US$1,0 biljoen of 9,5 keer. De verandering vond plaats op US$989,1 miljard als gevolg van een 6,8-voudige stijging van de prijzen, en ook op -US$42,4 miljard als gevolg van een 1,2-voudige afname van de productiviteit , evenals op US$90,2 miljard als gevolg van de toename van de bevolking. De gemiddelde jaarlijkse groei van de constructie is 0,89%. De minimumwaarde van de constructie bedroeg US$69,5 miljard in 1970. De maximumwaarde van de constructie bedroeg US$1,4 biljoen in 2019.

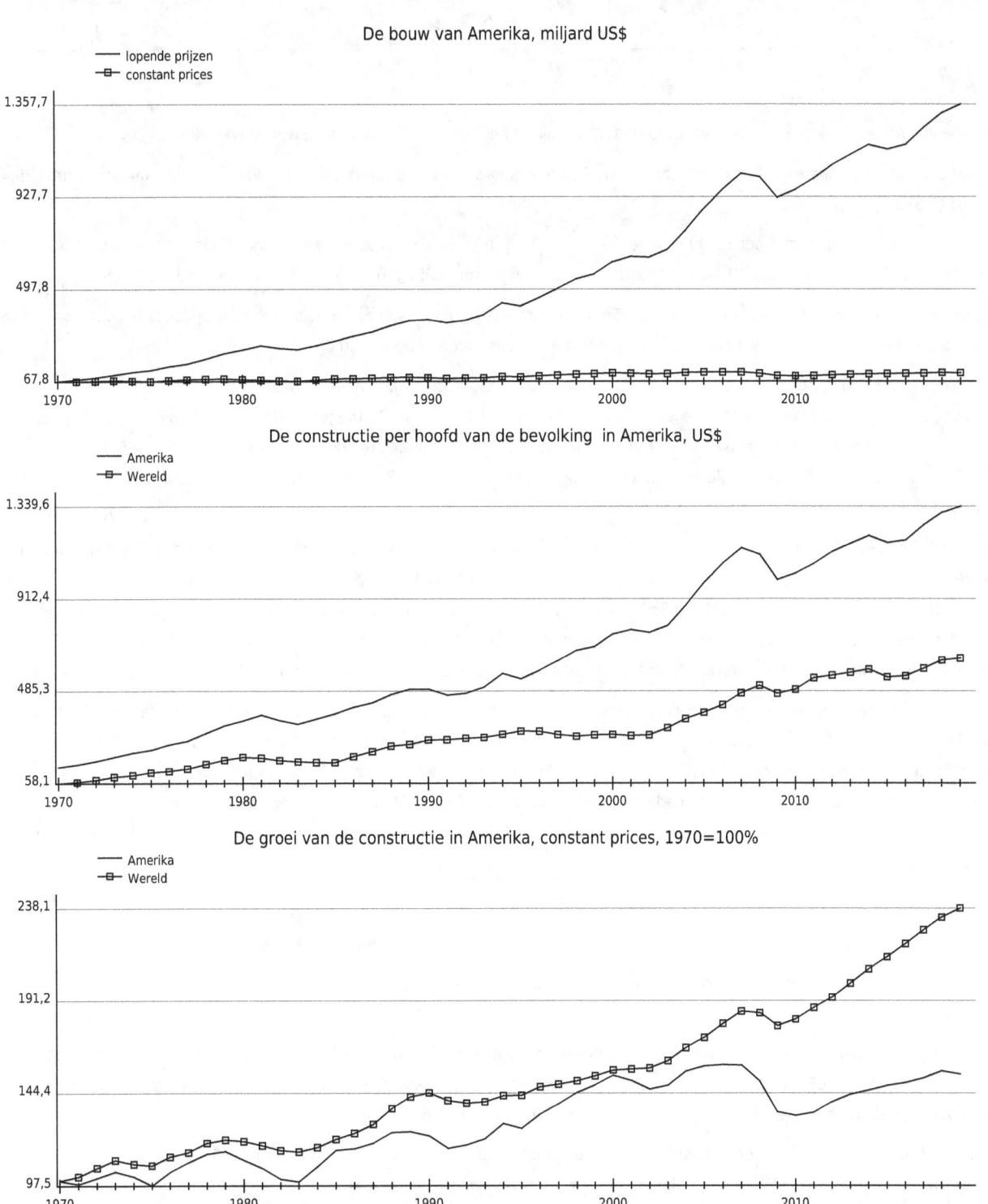

De bouw van Amerika, miljard US$

De constructie per hoofd van de bevolking in Amerika, US$

De groei van de constructie in Amerika, constant prices, 1970=100%

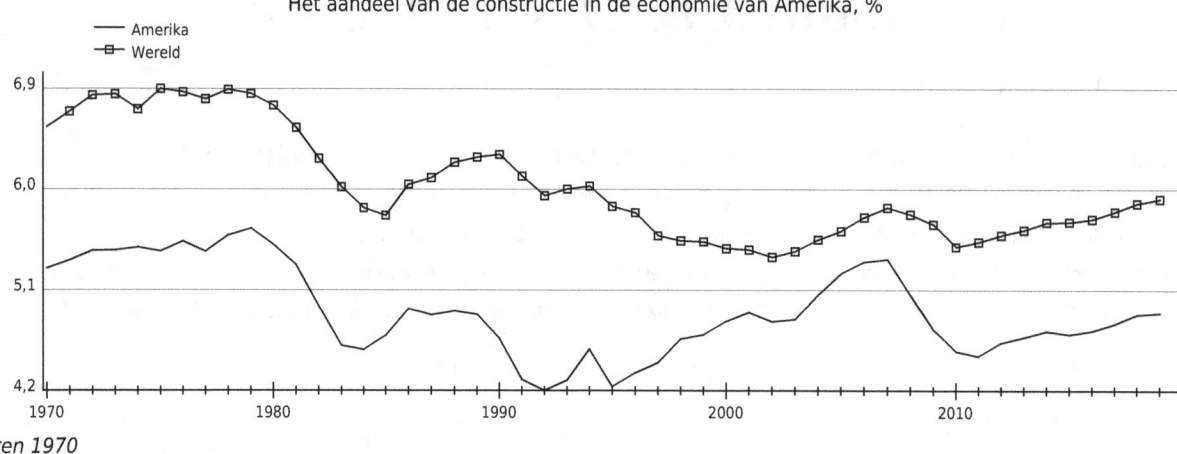

Het aandeel van de constructie in de economie van Amerika, %

de jaren 1970

De bouw van Amerika bedroeg in de jaren 1970 US$121,8 miljard per jaar. Het aandeel in de wereld was 28,4%.

Het aandeel van de constructie in de economie van Amerika was 5,5% in de jaren 1970, en was vergelijkbaar met Aruba (5,4%), Somalië (5,5%).

De waarde van de constructie per hoofd in Amerika was $217,5 in de jaren 1970s, en was vergelijkbaar met Aruba (US$218,8). De bouw per hoofd in Amerika was in 2,1 keer hoger dan de constructie per hoofd van de bevolking in de wereld ($106,1).

De groei van de constructie in Amerika bedroeg 1.5% in de jaren 1970, en was vergelijkbaar met Australazië (1,5%). De groei van de constructie in Amerika (1,5%) was minder dan de groei van de constructie in de wereld (2,1%).

Vergelijking met regio's. De sector van de constructie in Amerika was groter dan in Azië (US$79,9 miljard), in Afrika (US$16,4 miljard) en in Oceanië (US$8,9 miljard); maar minder dan in Europa (US$201,6 miljard). De toegevoegde waarde van de constructie per hoofd in Amerika was groter dan in Afrika (US$39,9) en in Azië (US$34,4); maar minder dan in Oceanië (US$415,3) en in Europa (US$277,9). De groei van de constructie in Amerika was groter dan in Europa (1,3%); maar minder dan in Azië (5,1%), in Afrika (4,5%) en in Oceanië (1,7%).

Subregio's. De toegevoegde waarde van de constructie in Amerika in de jaren 1970 bestond uit: Noord-Amerika (76,6%), Zuid-Amerika (14,2%), Centraal-Amerika (7,4%) en Caraïben (1,8%). Het aandeel van de constructie in de economie van subregio's: Centraal-Amerika (8,0%), Zuid-Amerika (7,4%), Caraïben (6,5%) en Noord-Amerika (5,0%). De bouw per hoofd van de bevolking in subregio's: Noord-Amerika ($386,9), Centraal-Amerika ($113,4), Caraïben ($84,1) en Zuid-Amerika ($81,0). De groei van de constructie in subregio's: Zuid-Amerika (7,3%), Centraal-Amerika (6,5%), Caraïben (2,6%) en Noord-Amerika (0,50%).

Leiders. De toegevoegde waarde van de constructie in Amerika in de jaren 1970 bestond uit: Verenigde Staten (66,6%), Canada (10,0%), Mexico (6,8%), Brazilië (5,0%), Venezuela (4,2%), en andere (7,4%). Het aandeel van de constructie in economie van de leiders: Venezuela (16,2%), Mexico (8,4%), Canada (7,9%), Brazilië (6,3%) en Verenigde Staten (4,8%). De waarde van de constructie per hoofd in Amerika onder de leiders: Canada ($534,7), Venezuela ($391,9), Verenigde Staten ($371,5), Mexico ($141,6) en Brazilië ($57,5). De groei van de constructie onder de leiders: Venezuela (11,8%), Brazilië (9,3%), Mexico (6,4%), Canada (3,3%) en Verenigde Staten (0,31%).

de jaren 1980

De bouw van Amerika bedroeg in de jaren 1980 US$262,8 miljard per jaar. Het aandeel in de wereld was 29,2%.

Het aandeel van de constructie in de economie van Amerika was 4,9% in de jaren 1980, en was vergelijkbaar met West-Afrika (4,9%), Paraguay (4,8%).

De toegevoegde waarde van de constructie per hoofd in Amerika was $396,8 in de jaren 1980s, en was vergelijkbaar met Aruba (US$398,9), Hongkong (US$401,5), Venezuela (US$405,1). De toegevoegde waarde van de constructie per hoofd in Amerika was in 2,1 keer hoger dan de constructie per hoofd van de bevolking in de wereld ($186,2).

De groei van de constructie in Amerika bedroeg 0.8% in de jaren 1980, en was vergelijkbaar met Congo-Kinshasa (0,82%). De groei van de constructie in Amerika (0,83%) was minder dan de groei van de constructie in de wereld (1,7%).

Vergelijking met regio's. De waarde van de constructie in Amerika was groter dan in Azië (US$236,3 miljard), in Afrika (US$28,9 miljard) en in Oceanië (US$16,8 miljard); maar minder dan in Europa (US$355,2 miljard). De toegevoegde waarde van de constructie per hoofd in Amerika was groter dan in Azië (US$83,3) en in Afrika (US$53,3); maar minder dan in Oceanië (US$677,4) en in Europa (US$462,7). De groei van de constructie in Amerika was groter dan in Afrika (0,41%); maar minder dan in Oceanië (2,8%), in Azië (2,7%) en in Europa (1,9%).

Subregio's. De toegevoegde waarde van de constructie in Amerika in de jaren 1980 bestond uit: Noord-Amerika (78,0%), Zuid-Amerika (13,5%), Centraal-Amerika (6,9%) en Caraïben (1,7%). Het aandeel van de constructie in de economie van subregio's: Centraal-Amerika (6,8%), Zuid-Amerika (6,7%), Caraïben (5,9%) en Noord-Amerika (4,5%). De bouw per hoofd van de bevolking in subregio's: Noord-Amerika ($772,7), Centraal-Amerika ($178,0), Caraïben ($143,1) en Zuid-Amerika ($133,6). De groei van de constructie in subregio's: Caraïben (3,4%), Noord-Amerika (1,3%), Centraal-Amerika (-0,36%) en Zuid-Amerika (-1,6%).

Leiders. De constructie van Amerika in de jaren 1980 bestond uit: Verenigde Staten (68,7%), Canada (9,2%), Mexico (6,4%), Brazilië (6,2%), Venezuela (2,6%), en andere (6,8%). Het aandeel van de constructie in economie van de leiders: Venezuela (11,0%), Mexico (7,1%), Brazilië (6,9%), Canada (6,7%) en Verenigde Staten (4,3%). De bouw per hoofd in Amerika onder de leiders: Canada ($942,9), Verenigde Staten ($754,4), Venezuela ($405,1), Mexico ($224,0) en Brazilië ($122,8). De groei van de constructie onder de leiders: Canada (2,8%), Brazilië (2,0%), Verenigde Staten (1,1%), Mexico (-0,25%) en Venezuela (-9,7%).

de jaren 1990

De waarde van de constructie in Amerika bedroeg in de jaren 1990 US$435,1 miljard per jaar, en was vergelijkbaar met Oost-Azië (US$439,5 miljard). Het aandeel in de wereld was 27,4%.

Het aandeel van de constructie in de economie van Amerika was 4,4% in de jaren 1990, en was vergelijkbaar met Nieuw-Zeeland (4,4%), Afghanistan (4,4%), Dominica (4,4%).

De sector van de constructie per hoofd in Amerika was $564,1 in de jaren 1990s, en was vergelijkbaar met Bahrein (US$551,4). De sector van de constructie per hoofd in Amerika was in 2,0 keer hoger dan de constructie per hoofd van de bevolking in de wereld ($278,6).

De groei van de constructie in Amerika bedroeg 1.8% in de jaren 1990, en was vergelijkbaar met Rwanda (1,7%), Centraal-Afrika (1,8%). De groei van de constructie in Amerika (1,8%) was groter dan de groei van de constructie in de wereld (0,71%).

Vergelijking met regio's. De constructie van Amerika was groter dan in Oceanië (US$25,5 miljard) en in Afrika (US$24,5 miljard); maar minder dan in Europa (US$552,8 miljard) en in Azië (US$550,2 miljard). De constructie per hoofd in Amerika was groter dan in Azië (US$158,8) en in Afrika (US$34,6); maar minder dan in Oceanië (US$881,0) en in Europa (US$760,7). De groei van de constructie in Amerika was groter dan in Europa (-1,7%); maar minder dan in Oceanië (3,0%), in Afrika (2,8%) en in Azië (2,3%).

Subregio's. De sector van de constructie in Amerika in de jaren 1990 bestond uit: Noord-Amerika (76,1%), Zuid-Amerika (15,1%), Centraal-Amerika (7,4%) en Caraïben (1,4%). Het aandeel van de constructie in de economie van subregio's: Centraal-Amerika (6,6%), Zuid-Amerika (5,9%), Caraïben (5,5%) en Noord-Amerika (4,1%). De bouw per hoofd van de bevolking in subregio's: Noord-Amerika ($1.128,2), Centraal-Amerika ($259,9), Zuid-Amerika ($205,6) en Caraïben ($177,3). De groei van de constructie in subregio's: Centraal-Amerika (3,7%), Zuid-Amerika (2,1%), Noord-Amerika (1,6%) en Caraïben (0,11%).

Leiders. De waarde van de constructie in Amerika in de jaren 1990 bestond uit: Verenigde Staten (68,7%), Brazilië (8,0%), Canada (7,3%), Mexico (6,9%), Argentinië (2,6%), en andere (6,4%). Het aandeel van de constructie in economie van de leiders: Mexico (6,9%), Brazilië (6,1%), Canada (5,6%), Argentinië (4,7%) en Verenigde Staten (4,0%). De waarde van de constructie per hoofd in Amerika onder de leiders: Verenigde Staten ($1.131,2), Canada ($1.098,6), Mexico ($331,2), Argentinië ($321,5) en Brazilië ($217,4). De groei van de constructie onder de leiders: Argentinië (4,9%), Mexico (3,4%), Verenigde Staten (1,8%), Brazilië (1,3%) en Canada (-0,55%).

de jaren 2000

De toegevoegde waarde van de constructie in Amerika bedroeg in de jaren 2000 US$818,0 miljard per jaar, en was vergelijkbaar met Europa (US$838,7 miljard). Het aandeel in de wereld was 33,0%.

Het aandeel van de constructie in de economie van Amerika was 5,0% in de jaren 2000, en was vergelijkbaar met Kiribati (5,0%), Ghana (5,0%), West-Europa (5,0%).

De sector van de constructie per hoofd in Amerika was $931,0 in de jaren 2000s, en was vergelijkbaar met Montserrat (US$932,6). De toegevoegde waarde van de constructie per hoofd in Amerika was in 2,4 keer hoger dan de constructie per hoofd van de bevolking in de wereld ($381,3).

De groei van de constructie in Amerika bedroeg -1% in de jaren 2000. De groei van de constructie in Amerika (-0,96%) was minder dan de groei van de constructie in de wereld (1,5%).

Vergelijking met regio's. De toegevoegde waarde van de constructie in Amerika was groter dan in Azië (US$719,2 miljard), in Oceanië (US$54,8 miljard) en in Afrika (US$48,7 miljard); maar minder dan in Europa (US$838,7 miljard). De toegevoegde waarde van de constructie per hoofd in Amerika was groter dan in Azië (US$181,9) en in Afrika (US$53,8); maar minder dan in Oceanië (US$1.644,6) en in Europa (US$1.147,4). De groei van de constructie in Amerika was minder dan in Afrika (8,4%), in Oceanië (4,8%), in Azië (4,4%) en in Europa (0,97%).

Subregio's. De sector van de constructie in Amerika in de jaren 2000 bestond uit: Noord-Amerika (79,1%), Zuid-Amerika (10,7%), Centraal-Amerika (8,8%) en Caraïben (1,5%). Het aandeel van de constructie in de economie van subregio's: Centraal-Amerika (7,8%), Caraïben (5,7%), Zuid-Amerika (5,4%) en Noord-Amerika (4,7%). De constructie per hoofd van de bevolking in subregio's: Noord-Amerika ($1.985,0), Centraal-Amerika ($493,5), Caraïben ($311,9) en Zuid-Amerika ($236,2). De groei van de constructie in subregio's: Zuid-Amerika (3,5%), Caraïben (2,0%), Centraal-Amerika (1,5%) en Noord-Amerika (-2,1%).

Leiders. De sector van de constructie in Amerika in de jaren 2000 bestond uit: Verenigde Staten (71,3%), Mexico (8,1%), Canada (7,8%), Brazilië (4,9%), Venezuela (1,8%), en andere (6,1%). Het aandeel van de constructie in economie van de leiders: Venezuela (9,0%), Mexico (8,0%), Canada (6,2%), Brazilië (4,8%) en Verenigde Staten (4,6%). De sector van de constructie per hoofd in Amerika onder de leiders: Canada ($1.992,6), Verenigde Staten ($1.983,7), Mexico ($631,4), Venezuela ($563,8) en Brazilië ($215,3). De groei van de constructie onder de leiders: Venezuela (5,5%), Canada (3,6%), Brazilië (2,4%), Mexico (1,3%) en Verenigde Staten (-2,6%).

de jaren 2010

De sector van de constructie in Amerika bedroeg in de jaren 2010 US$1,2 biljoen per jaar. Het aandeel in de wereld was 27,6%.

Het aandeel van de constructie in de economie van Amerika was 4,7% in de jaren 2010, en was vergelijkbaar met Mauritanië (4,7%), de Nederland (4,6%), Servië (4,7%).

De toegevoegde waarde van de constructie per hoofd in Amerika was $1.189,0 in de jaren 2010s, en was vergelijkbaar met Saoedi-Arabië (US$1.197,0), Oman (US$1.176,7), Slovenië (US$1.167,1). De waarde van de constructie per hoofd in Amerika was in 2,1 keer hoger dan de constructie per hoofd van de bevolking in de wereld ($572,1).

De groei van de constructie in Amerika bedroeg 1.3% in de jaren 2010, en was vergelijkbaar met Zuidelijk Afrika (1,3%), Oost-Europa (1,3%). De groei van de constructie in Amerika (1,3%) was minder dan de groei van de constructie in de wereld (2,9%).

Vergelijking met regio's. De constructie van Amerika was 10,0% groter dan in Europa (US$1,1 biljoen), 9,1 keer groter dan in Afrika (US$127,9 miljard) en 9,3 keer groter dan in Oceanië (US$124,5 miljard); maar 33,1% minder dan in Azië (US$1,7 biljoen). De toegevoegde waarde van de constructie per hoofd in Amerika was 3,0 keer groter dan in Azië (US$392,9) en 10,9 keer groter dan in Afrika (US$109,4); maar 2,7 keer minder dan in Oceanië (US$3,2 duizend) en 16,0% minder dan in Europa (US$1.415,6). De groei van de constructie in Amerika was groter dan in Europa (0,50%); maar minder dan in Afrika (5,8%), in Azië (5,6%) en in Oceanië (1,7%).

Subregio's. De sector van de constructie in Amerika in de jaren 2010 bestond uit: Noord-Amerika (69,5%), Zuid-Amerika (19,6%), Centraal-Amerika (9,1%) en Caraïben (1,8%). Het aandeel van de constructie in de economie van subregio's: Centraal-Amerika (7,9%), Zuid-Amerika (6,4%), Caraïben (6,3%) en Noord-Amerika (4,1%). De constructie per hoofd van de bevolking in subregio's: Noord-Amerika ($2.266,6), Centraal-Amerika ($629,5), Zuid-Amerika ($553,5) en Caraïben ($497,1). De groei van de constructie in subregio's: Caraïben (3,9%), Noord-Amerika (1,6%), Centraal-Amerika (1,4%) en Zuid-Amerika (0,13%).

Leiders. De sector van de constructie in Amerika in de jaren 2010 bestond uit: Verenigde Staten (58,8%), Canada (10,7%), Brazilië (9,3%), Mexico (7,7%), Argentinië (2,1%), en andere (11,5%). Het aandeel van de constructie in economie van de leiders: Mexico (7,8%), Canada (7,8%), Brazilië (5,8%), Argentinië (5,3%) en Verenigde Staten (3,8%). De constructie per hoofd in Amerika onder de leiders: Canada ($3.470,8), Verenigde Staten ($2.130,9), Mexico ($734,6), Argentinië ($573,5) en Brazilië ($527,4). De groei van de constructie onder de leiders: Canada (2,5%), Verenigde Staten (1,4%), Argentinië (1,1%), Mexico (0,53%) en Brazilië (0,040%).

Hoofdstuk VII. Vervoer

Transport, opslag en communicatie (ISIC I)

De toegevoegde waarde van het transport in Amerika steeg van US$202,0 miljard per jaar in de jaren 1970 tot US$2,3 biljoen per jaar in de jaren 2010, dat wil zeggen met US$2,1 biljoen of 11,5 keer. De verandering vond plaats op US$1,3 biljoen als gevolg van een 2,4-voudige stijging van de prijzen, en ook op US$625,9 miljard als gevolg van een 2,8-voudige toename van de productiviteit , evenals op US$149,7 miljard als gevolg van de toename van de bevolking. De gemiddelde jaarlijkse groei van het transport is 4,2%. De minimumwaarde van het transport bedroeg US$121,0 miljard in 1970. De maximumwaarde van het transport bedroeg US$2,8 biljoen in 2019.

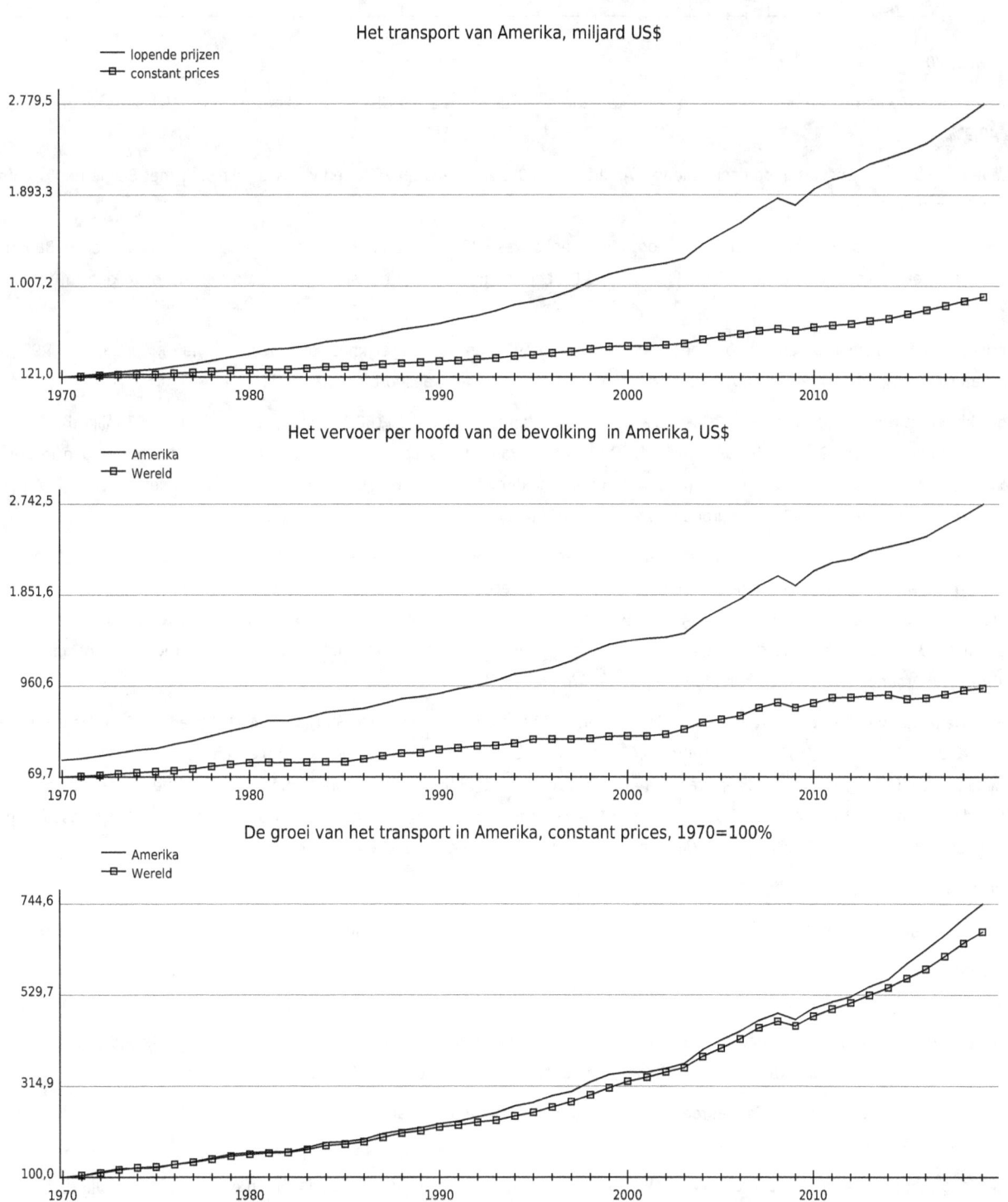

Het transport van Amerika, miljard US$

Het vervoer per hoofd van de bevolking in Amerika, US$

De groei van het transport in Amerika, constant prices, 1970=100%

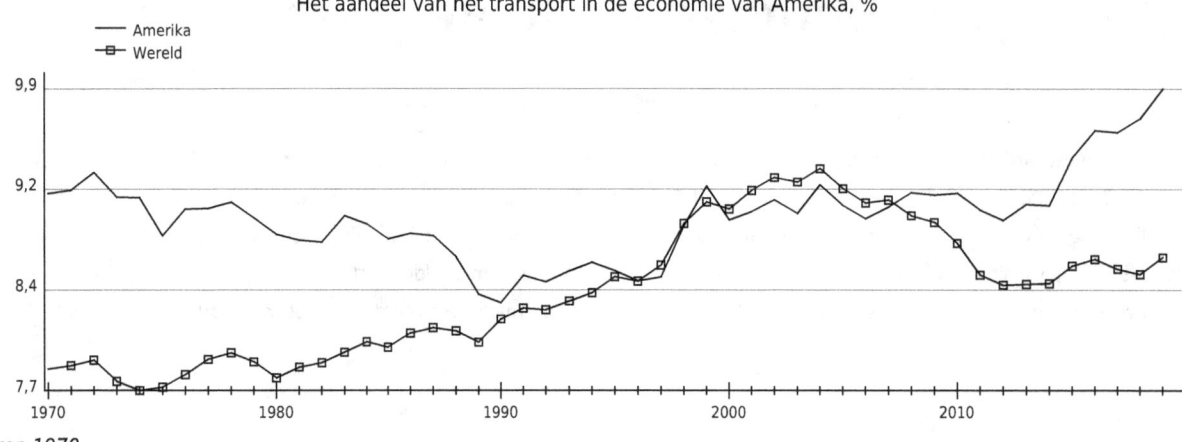

Het aandeel van het transport in de economie van Amerika, %

de jaren 1970

De toegevoegde waarde van het transport in Amerika bedroeg in de jaren 1970 US$202,0 miljard per jaar. Het aandeel in de wereld was 40,9%.

Het aandeel van het transport in de economie van Amerika was 9,1% in de jaren 1970, en was vergelijkbaar met België (9,0%), Afrika (9,0%), Mauritius (9,1%).

De toegevoegde waarde van het transport per hoofd in Amerika was $360,9 in de jaren 1970s, en was vergelijkbaar met de Bahama's (US$356,1). Het vervoer per hoofd in Amerika was in 3,0 keer hoger dan het transport per hoofd van de bevolking in de wereld ($122,3).

De groei van het transport in Amerika bedroeg 4.9% in de jaren 1970, en was vergelijkbaar met Oceanië (4,9%), Australazië (4,9%). De groei van het transport in Amerika (4,9%) was groter dan de groei van het transport in de wereld (4,6%).

Vergelijking met regio's. Het vervoer van Amerika was groter dan in Europa (US$180,1 miljard), in Azië (US$79,7 miljard), in Afrika (US$22,9 miljard) en in Oceanië (US$9,0 miljard). De waarde van het transport per hoofd in Amerika was groter dan in Europa (US$248,3), in Afrika (US$55,9) en in Azië (US$34,3); maar minder dan in Oceanië (US$423,7). De groei van het transport in Amerika was groter dan in Oceanië (4,9%), in Europa (4,3%) en in Azië (4,1%); maar minder dan in Afrika (6,8%).

Subregio's. Het transport van Amerika in de jaren 1970 bestond uit: Noord-Amerika (89,8%), Zuid-Amerika (5,7%), Centraal-Amerika (3,2%) en Caraïben (1,3%). Het aandeel van het transport in de economie van subregio's: Noord-Amerika (9,8%), Caraïben (7,7%), Centraal-Amerika (5,8%) en Zuid-Amerika (4,9%). Het transport per hoofd van de bevolking in subregio's: Noord-Amerika ($751,9), Caraïben ($99,7), Centraal-Amerika ($82,4) en Zuid-Amerika ($54,0). De groei van het transport in subregio's: Centraal-Amerika (10,6%), Zuid-Amerika (7,1%), Caraïben (5,5%) en Noord-Amerika (4,3%).

Leiders. De sector van het transport in Amerika in de jaren 1970 bestond uit: Verenigde Staten (83,4%), Canada (6,3%), Mexico (2,8%), Brazilië (2,2%), Argentinië (0,89%), en andere (4,4%). Het aandeel van het transport in economie van de leiders: Verenigde Staten (9,9%), Canada (8,2%), Mexico (5,6%), Brazilië (4,5%) en Argentinië (3,9%). Het transport per hoofd in Amerika onder de leiders: Verenigde Staten ($772,4), Canada ($557,0), Mexico ($94,7), Argentinië ($70,0) en Brazilië ($41,4). De groei van het transport onder de leiders: Mexico (11,1%), Brazilië (9,4%), Canada (5,7%), Verenigde Staten (4,2%) en Argentinië (2,0%).

de jaren 1980

De sector van het transport in Amerika bedroeg in de jaren 1980 US$473,4 miljard per jaar. Het aandeel in de wereld was 40,5%.

Het aandeel van het transport in de economie van Amerika was 8,8% in de jaren 1980, en was vergelijkbaar met Hongarije (8,7%), Tunesië (8,8%), de Cookeilanden (8,8%).

De waarde van het transport per hoofd in Amerika was $714,8 in de jaren 1980s, en was vergelijkbaar met Duitsland (US$725,5). Het transport per hoofd in Amerika was in 3,0 keer hoger dan het transport per hoofd van de bevolking in de wereld ($242,0).

De groei van het transport in Amerika bedroeg 3.5% in de jaren 1980. De groei van het transport in Amerika (3,5%) was groter dan de groei van het transport in de wereld (3,4%).

Vergelijking met regio's. Het transport van Amerika was groter dan in Europa (US$379,6 miljard), in Azië (US$246,4 miljard), in Afrika

(US$48,9 miljard) en in Oceanië (US$21,6 miljard). De toegevoegde waarde van het transport per hoofd in Amerika was groter dan in Europa (US$494,5), in Afrika (US$90,3) en in Azië (US$86,8); maar minder dan in Oceanië (US$872,5). De groei van het transport in Amerika was groter dan in Europa (2,8%) en in Afrika (-0,23%); maar minder dan in Azië (5,2%) en in Oceanië (4,2%).

Subregio's. Het transport van Amerika in de jaren 1980 bestond uit: Noord-Amerika (89,4%), Zuid-Amerika (5,7%), Centraal-Amerika (3,7%) en Caraïben (1,2%). Het aandeel van het transport in de economie van subregio's: Noord-Amerika (9,3%), Caraïben (7,6%), Centraal-Amerika (6,7%) en Zuid-Amerika (5,1%). Het transport per hoofd van de bevolking in subregio's: Noord-Amerika ($1.595,3), Caraïben ($184,1), Centraal-Amerika ($174,2) en Zuid-Amerika ($101,7). De groei van het transport in subregio's: Caraïben (3,9%), Noord-Amerika (3,6%), Zuid-Amerika (2,9%) en Centraal-Amerika (2,8%).

Leiders. De waarde van het transport in Amerika in de jaren 1980 bestond uit: Verenigde Staten (83,4%), Canada (5,9%), Mexico (3,2%), Brazilië (2,5%), Colombia (0,70%), en andere (4,2%). Het aandeel van het transport in economie van de leiders: Verenigde Staten (9,5%), Canada (7,8%), Colombia (6,6%), Mexico (6,5%) en Brazilië (5,0%). De toegevoegde waarde van het transport per hoofd in Amerika onder de leiders: Verenigde Staten ($1.649,2), Canada ($1.092,1), Mexico ($203,0), Colombia ($112,0) en Brazilië ($88,6). De groei van het transport onder de leiders: Brazilië (3,7%), Verenigde Staten (3,6%), Canada (3,4%), Mexico (2,7%) en Colombia (2,7%).

de jaren 1990

De waarde van het transport in Amerika bedroeg in de jaren 1990 US$851,9 miljard per jaar. Het aandeel in de wereld was 36,5%.

Het aandeel van het transport in de economie van Amerika was 8,6% in de jaren 1990, en was vergelijkbaar met Zwitserland (8,6%), Slowakije (8,7%), Japan (8,7%).

De toegevoegde waarde van het transport per hoofd in Amerika was $1.104,4 in de jaren 1990s, en was vergelijkbaar met San Marino (US$1.120,7), Europa (US$1.080,1). Het vervoer per hoofd in Amerika was in 2,7 keer hoger dan het transport per hoofd van de bevolking in de wereld ($409,5).

De groei van het transport in Amerika bedroeg 4.7% in de jaren 1990, en was vergelijkbaar met Oceanië (4,7%), Guyana (4,7%), Australazië (4,7%). De groei van het transport in Amerika (4,7%) was groter dan de groei van het transport in de wereld (4,0%).

Vergelijking met regio's. De sector van het transport in Amerika was groter dan in Europa (US$784,9 miljard), in Azië (US$614,0 miljard), in Afrika (US$44,7 miljard) en in Oceanië (US$38,6 miljard). De toegevoegde waarde van het transport per hoofd in Amerika was groter dan in Europa (US$1.080,1), in Azië (US$177,2) en in Afrika (US$63,1); maar minder dan in Oceanië (US$1.336,3). De groei van het transport in Amerika was groter dan in Oceanië (4,7%), in Afrika (3,3%) en in Europa (2,4%); maar minder dan in Azië (5,4%).

Subregio's. De toegevoegde waarde van het transport in Amerika in de jaren 1990 bestond uit: Noord-Amerika (87,6%), Zuid-Amerika (7,2%), Centraal-Amerika (4,4%) en Caraïben (0,86%). Het aandeel van het transport in de economie van subregio's: Noord-Amerika (9,2%), Centraal-Amerika (7,8%), Caraïben (6,5%) en Zuid-Amerika (5,5%). Het vervoer per hoofd van de bevolking in subregio's: Noord-Amerika ($2.541,1), Centraal-Amerika ($304,3), Caraïben ($209,6) en Zuid-Amerika ($191,3). De groei van het transport in subregio's: Noord-Amerika (4,9%), Centraal-Amerika (4,5%), Zuid-Amerika (3,2%) en Caraïben (2,9%).

Leiders. De sector van het transport in Amerika in de jaren 1990 bestond uit: Verenigde Staten (82,5%), Canada (5,0%), Mexico (4,0%), Brazilië (2,8%), Argentinië (1,6%), en andere (4,1%). Het aandeel van het transport in economie van de leiders: Verenigde Staten (9,3%), Mexico (7,7%), Canada (7,5%), Argentinië (5,8%) en Brazilië (4,1%). De sector van het transport per hoofd in Amerika onder de leiders: Verenigde Staten ($2.656,9), Canada ($1.483,7), Argentinië ($399,1), Mexico ($373,0) en Brazilië ($148,0). De groei van het transport onder de leiders: Argentinië (6,2%), Verenigde Staten (5,0%), Mexico (4,4%), Canada (3,5%) en Brazilië (2,2%).

de jaren 2000

De sector van het transport in Amerika bedroeg in de jaren 2000 US$1,5 biljoen per jaar. Het aandeel in de wereld was 36,7%.

Het aandeel van het transport in de economie van Amerika was 9,1% in de jaren 2000, en was vergelijkbaar met Wit-Rusland (9,1%), Nepal (9,1%), de Turks- en Caicoseilanden (9,0%).

De sector van het transport per hoofd in Amerika was $1.687,7 in de jaren 2000s, en was vergelijkbaar met Aruba (US$1.694,5). De toegevoegde waarde van het transport per hoofd in Amerika was in 2,7 keer hoger dan het transport per hoofd van de bevolking in de wereld ($621,1).

De groei van het transport in Amerika bedroeg 3.2% in de jaren 2000, en was vergelijkbaar met Guinee-Bissau (3,3%). De groei van het transport in Amerika (3,2%) was minder dan de groei van het transport in de wereld (3,9%).

Vergelijking met regio's. De waarde van het transport in Amerika was groter dan in Europa (US$1,4 biljoen), in Azië (US$1,0 biljoen), in Afrika (US$90,0 miljard) en in Oceanië (US$66,9 miljard). De toegevoegde waarde van het transport per hoofd in Amerika was groter dan in Azië (US$264,8) en in Afrika (US$99,3); maar minder dan in Oceanië (US$2,0 duizend) en in Europa (US$1.850,1). De groei van het transport in Amerika was groter dan in Europa (3,1%); maar minder dan in Afrika (7,8%), in Azië (5,4%) en in Oceanië (3,7%).

Subregio's. De toegevoegde waarde van het transport in Amerika in de jaren 2000 bestond uit: Noord-Amerika (85,2%), Zuid-Amerika (8,5%), Centraal-Amerika (5,4%) en Caraïben (0,98%). Het aandeel van het transport in de economie van subregio's: Noord-Amerika (9,3%), Centraal-Amerika (8,6%), Zuid-Amerika (7,8%) en Caraïben (6,9%). Het transport per hoofd van de bevolking in subregio's: Noord-Amerika ($3.874,1), Centraal-Amerika ($548,7), Caraïben ($378,4) en Zuid-Amerika ($340,1). De groei van het transport in subregio's: Zuid-Amerika (4,6%), Caraïben (4,5%), Centraal-Amerika (3,3%) en Noord-Amerika (3,1%).

Leiders. De toegevoegde waarde van het transport in Amerika in de jaren 2000 bestond uit: Verenigde Staten (79,9%), Canada (5,3%), Mexico (4,8%), Brazilië (4,3%), Argentinië (1,0%), en andere (4,8%). Het aandeel van het transport in economie van de leiders: Verenigde Staten (9,4%), Mexico (8,6%), Brazilië (7,6%), Canada (7,6%) en Argentinië (7,2%). De toegevoegde waarde van het transport per hoofd in Amerika onder de leiders: Verenigde Staten ($4.029,0), Canada ($2.451,7), Mexico ($677,3), Argentinië ($387,4) en Brazilië ($341,6). De groei van het transport onder de leiders: Argentinië (5,3%), Brazilië (3,8%), Verenigde Staten (3,1%), Mexico (2,6%) en Canada (2,5%).

de jaren 2010

De waarde van het transport in Amerika bedroeg in de jaren 2010 US$2,3 biljoen per jaar. Het aandeel in de wereld was 36,6%.

Het aandeel van het transport in de economie van Amerika was 9,4% in de jaren 2010, en was vergelijkbaar met Tanzania (9,4%), Somalië (9,4%), Noorwegen (9,3%).

De toegevoegde waarde van het transport per hoofd in Amerika was $2.381,9 in de jaren 2010s, en was vergelijkbaar met San Marino (US$2,4 duizend), Nieuw-Caledonië (US$2,4 duizend), Estland (US$2,3 duizend). De waarde van het transport per hoofd in Amerika was in 2,8 keer hoger dan het transport per hoofd van de bevolking in de wereld ($864,8).

De groei van het transport in Amerika bedroeg 4.7% in de jaren 2010, en was vergelijkbaar met Honduras (4,7%), San Marino (4,7%), Azië (4,7%). De groei van het transport in Amerika (4,7%) was groter dan de groei van het transport in de wereld (4,0%).

Vergelijking met regio's. De sector van het transport in Amerika was 22,4% groter dan in Azië (US$1,9 biljoen), 28,8% groter dan in Europa (US$1,8 biljoen), 11,4 keer groter dan in Afrika (US$202,9 miljard) en 19,3 keer groter dan in Oceanië (US$120,4 miljard). Het vervoer per hoofd in Amerika was 5,5 keer groter dan in Azië (US$430,2) en 13,7 keer groter dan in Afrika (US$173,7); maar 22,3% minder dan in Oceanië (US$3,1 duizend) en 1,7% minder dan in Europa (US$2,4 duizend). De groei van het transport in Amerika was groter dan in Afrika (3,8%), in Europa (2,6%) en in Oceanië (2,3%); maar minder dan in Azië (4,7%).

Subregio's. De sector van het transport in Amerika in de jaren 2010 bestond uit: Noord-Amerika (82,2%), Zuid-Amerika (11,7%), Centraal-Amerika (5,0%) en Caraïben (1,1%). Het aandeel van het transport in de economie van subregio's: Noord-Amerika (9,8%), Centraal-Amerika (8,7%), Zuid-Amerika (7,7%) en Caraïben (7,4%). Het transport per hoofd van de bevolking in subregio's: Noord-Amerika ($5.370,1), Centraal-Amerika ($696,3), Zuid-Amerika ($662,0) en Caraïben ($589,0). De groei van het transport in subregio's: Noord-Amerika (5,0%), Centraal-Amerika (4,5%), Caraïben (2,8%) en Zuid-Amerika (2,4%).

Leiders. De toegevoegde waarde van het transport in Amerika in de jaren 2010 bestond uit: Verenigde Staten (77,0%), Brazilië (6,3%), Canada (5,2%), Mexico (4,2%), Argentinië (1,3%), en andere (5,9%). Het aandeel van het transport in economie van de leiders: Verenigde Staten (10,0%), Mexico (8,6%), Brazilië (7,9%), Canada (7,5%) en Argentinië (6,7%). De toegevoegde waarde van het transport per hoofd in Amerika onder de leiders: Verenigde Staten ($5.597,8), Canada ($3.339,4), Mexico ($810,1), Argentinië ($729,0) en Brazilië ($720,2). De groei van het transport onder de leiders: Verenigde Staten (5,1%), Mexico (4,5%), Canada (2,8%), Argentinië (2,3%) en Brazilië (2,1%).

Hoofdstuk VIII. Handel

Groothandel, detailhandel, restaurants en hotels (ISIC G-H)

De toegevoegde waarde van de handel in Amerika steeg van US$366,6 miljard per jaar in de jaren 1970 tot US$3,7 biljoen per jaar in de jaren 2010, dat wil zeggen met US$3,3 biljoen of 10,1 keer. De verandering vond plaats op US$2,5 biljoen als gevolg van een 3,0-voudige stijging van de prijzen, en ook op US$580,7 miljard als gevolg van een 1,9-voudige toename van de productiviteit , evenals op US$271,6 miljard als gevolg van de toename van de bevolking. De gemiddelde jaarlijkse groei van de handel is 3,1%. De minimumwaarde van de handel bedroeg US$220,7 miljard in 1970. De maximumwaarde van de handel bedroeg US$4,2 biljoen in 2019.

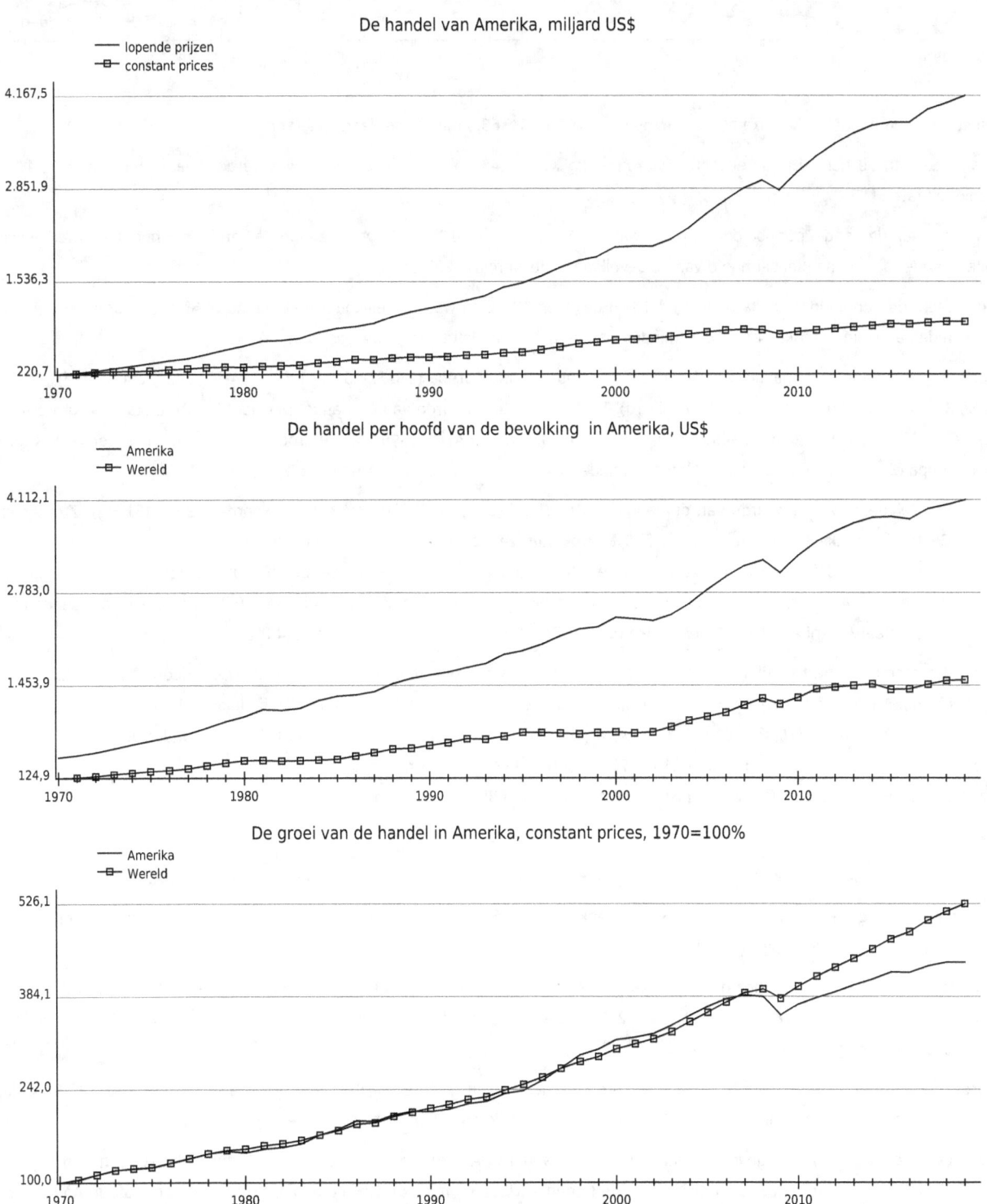

De handel van Amerika, miljard US$

De handel per hoofd van de bevolking in Amerika, US$

De groei van de handel in Amerika, constant prices, 1970=100%

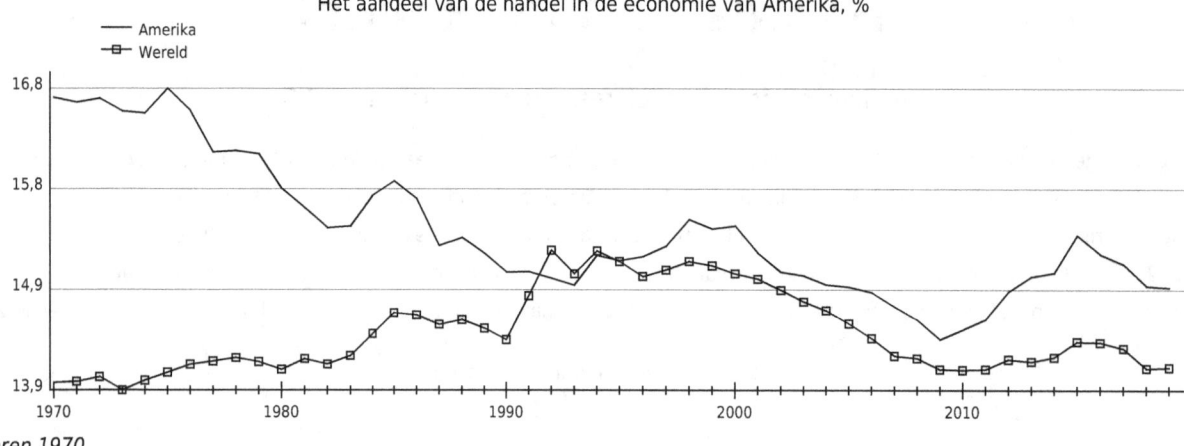

Het aandeel van de handel in de economie van Amerika, %

de jaren 1970

De sector van de handel in Amerika bedroeg in de jaren 1970 US$366,6 miljard per jaar. Het aandeel in de wereld was 41,1%.

Het aandeel van de handel in de economie van Amerika was 16,4% in de jaren 1970, en was vergelijkbaar met Benin (16,4%), de Verenigde Staten (16,4%), Nauru (16,4%).

De waarde van de handel per hoofd in Amerika was $654,8 in de jaren 1970s. De waarde van de handel per hoofd in Amerika was in 3,0 keer hoger dan de handel per hoofd van de bevolking in de wereld ($221,0).

De groei van de handel in Amerika bedroeg 4.4% in de jaren 1970, en was vergelijkbaar met IJsland (4,5%), de Comoren (4,5%). De groei van de handel in Amerika (4,4%) was minder dan de groei van de handel in de wereld (4,5%).

Vergelijking met regio's. De handel van Amerika was groter dan in Europa (US$326,5 miljard), in Azië (US$156,4 miljard), in Afrika (US$30,3 miljard) en in Oceanië (US$12,7 miljard). De toegevoegde waarde van de handel per hoofd in Amerika was groter dan in Oceanië (US$597,4), in Europa (US$450,1), in Afrika (US$73,8) en in Azië (US$67,4). De groei van de handel in Amerika was groter dan in Europa (3,6%) en in Oceanië (1,6%); maar minder dan in Azië (7,7%) en in Afrika (4,6%).

Subregio's. De toegevoegde waarde van de handel in Amerika in de jaren 1970 bestond uit: Noord-Amerika (81,8%), Zuid-Amerika (8,7%), Centraal-Amerika (7,4%) en Caraïben (2,0%). Het aandeel van de handel in de economie van subregio's: Centraal-Amerika (24,3%), Caraïben (21,9%), Noord-Amerika (16,2%) en Zuid-Amerika (13,7%). De handel per hoofd van de bevolking in subregio's: Noord-Amerika ($1.243,5), Centraal-Amerika ($343,7), Caraïben ($281,9) en Zuid-Amerika ($150,3). De groei van de handel in subregio's: Centraal-Amerika (6,1%), Zuid-Amerika (5,6%), Caraïben (4,0%) en Noord-Amerika (4,0%).

Leiders. De sector van de handel in Amerika in de jaren 1970 bestond uit: Verenigde Staten (75,9%), Mexico (6,8%), Canada (5,9%), Brazilië (3,6%), Argentinië (2,2%), en andere (5,7%). Het aandeel van de handel in economie van de leiders: Mexico (25,0%), Argentinië (17,6%), Verenigde Staten (16,4%), Canada (13,9%) en Brazilië (13,4%). De handel per hoofd in Amerika onder de leiders: Verenigde Staten ($1.275,1), Canada ($942,3), Mexico ($421,7), Argentinië ($318,8) en Brazilië ($122,9). De groei van de handel onder de leiders: Brazilië (9,4%), Mexico (6,3%), Canada (5,1%), Verenigde Staten (3,9%) en Argentinië (2,6%).

de jaren 1980

De handel van Amerika bedroeg in de jaren 1980 US$839,7 miljard per jaar. Het aandeel in de wereld was 39,7%.

Het aandeel van de handel in de economie van Amerika was 15,5% in de jaren 1980, en was vergelijkbaar met Tanzania (15,5%), Noord-Amerika (15,5%), de Filipijnen (15,5%).

De waarde van de handel per hoofd in Amerika was $1.268,0 in de jaren 1980s, en was vergelijkbaar met Anguilla (US$1.272,5), Antigua en Barbuda (US$1.278,4), Koeweit (US$1.248,8). De handel per hoofd in Amerika was in 2,9 keer hoger dan de handel per hoofd van de bevolking in de wereld ($437,7).

De groei van de handel in Amerika bedroeg 3.5% in de jaren 1980, en was vergelijkbaar met Nigeria (3,5%), Paraguay (3,5%), Nepal (3,5%). De groei van de handel in Amerika (3,5%) was groter dan de groei van de handel in de wereld (3,3%).

Vergelijking met regio's. De toegevoegde waarde van de handel in Amerika was groter dan in Europa (US$707,2 miljard), in Azië (US$473,2 miljard), in Afrika (US$66,0 miljard) en in Oceanië (US$29,6 miljard). De sector van de handel per hoofd in Amerika was groter dan in Oceanië (US$1.193,9), in Europa (US$921,4), in Azië (US$166,8) en in Afrika (US$121,8). De groei van de handel in Amerika was groter dan in Afrika (2,7%), in Oceanië (2,5%) en in Europa (1,9%); maar minder dan in Azië (5,8%).

Subregio's. De waarde van de handel in Amerika in de jaren 1980 bestond uit: Noord-Amerika (83,8%), Zuid-Amerika (7,4%), Centraal-Amerika (6,9%) en Caraïben (1,8%). Het aandeel van de handel in de economie van subregio's: Centraal-Amerika (22,0%), Caraïben (20,9%), Noord-Amerika (15,5%) en Zuid-Amerika (11,9%). De handel per hoofd van de bevolking in subregio's: Noord-Amerika ($2.652,4), Centraal-Amerika ($574,5), Caraïben ($503,5) en Zuid-Amerika ($236,0). De groei van de handel in subregio's: Noord-Amerika (4,3%), Caraïben (2,8%), Centraal-Amerika (1,1%) en Zuid-Amerika (1,0%).

Leiders. De waarde van de handel in Amerika in de jaren 1980 bestond uit: Verenigde Staten (77,8%), Mexico (6,3%), Canada (5,9%), Brazilië (2,4%), Argentinië (2,0%), en andere (5,5%). Het aandeel van de handel in economie van de leiders: Mexico (22,5%), Argentinië (18,7%), Verenigde Staten (15,6%), Canada (13,8%) en Brazilië (8,5%). De sector van de handel per hoofd in Amerika onder de leiders: Verenigde Staten ($2.728,2), Canada ($1.944,8), Mexico ($703,8), Argentinië ($571,3) en Brazilië ($151,8). De groei van de handel onder de leiders: Verenigde Staten (4,4%), Brazilië (3,7%), Canada (3,6%), Mexico (1,3%) en Argentinië (-1,5%).

de jaren 1990

De waarde van de handel in Amerika bedroeg in de jaren 1990 US$1,5 biljoen per jaar. Het aandeel in de wereld was 36,4%.

Het aandeel van de handel in de economie van Amerika was 15,2% in de jaren 1990, en was vergelijkbaar met Kameroen (15,2%), Noord-Amerika (15,2%), Afrika (15,2%).

De waarde van de handel per hoofd in Amerika was $1.943,2 in de jaren 1990s, en was vergelijkbaar met Oceanië (US$1.916,7). De sector van de handel per hoofd in Amerika was in 2,7 keer hoger dan de handel per hoofd van de bevolking in de wereld ($721,8).

De groei van de handel in Amerika bedroeg 3.8% in de jaren 1990, en was vergelijkbaar met Guyana (3,8%), Zimbabwe (3,8%). De groei van de handel in Amerika (3,8%) was groter dan de groei van de handel in de wereld (3,5%).

Vergelijking met regio's. De toegevoegde waarde van de handel in Amerika was groter dan in Europa (US$1,3 biljoen), in Azië (US$1,2 biljoen), in Afrika (US$85,2 miljard) en in Oceanië (US$55,4 miljard). De toegevoegde waarde van de handel per hoofd in Amerika was groter dan in Oceanië (US$1.916,7), in Europa (US$1.798,1), in Azië (US$337,1) en in Afrika (US$120,3). De groei van de handel in Amerika was groter dan in Oceanië (3,3%), in Afrika (2,8%) en in Europa (2,0%); maar minder dan in Azië (4,9%).

Subregio's. De handel van Amerika in de jaren 1990 bestond uit: Noord-Amerika (82,7%), Zuid-Amerika (9,5%), Centraal-Amerika (6,4%) en Caraïben (1,4%). Het aandeel van de handel in de economie van subregio's: Centraal-Amerika (19,8%), Caraïben (18,7%), Noord-Amerika (15,2%) en Zuid-Amerika (12,7%). De handel per hoofd van de bevolking in subregio's: Noord-Amerika ($4.222,5), Centraal-Amerika ($777,6), Caraïben ($607,0) en Zuid-Amerika ($445,4). De groei van de handel in subregio's: Noord-Amerika (4,2%), Centraal-Amerika (4,0%), Zuid-Amerika (2,1%) en Caraïben (1,3%).

Leiders. De sector van de handel in Amerika in de jaren 1990 bestond uit: Verenigde Staten (77,5%), Mexico (5,9%), Canada (5,1%), Brazilië (3,5%), Argentinië (3,1%), en andere (4,9%). Het aandeel van de handel in economie van de leiders: Mexico (20,1%), Argentinië (19,4%), Verenigde Staten (15,4%), Canada (13,4%) en Brazilië (9,1%). De waarde van de handel per hoofd in Amerika onder de leiders: Verenigde Staten ($4.395,6), Canada ($2.639,9), Argentinië ($1.327,1), Mexico ($968,9) en Brazilië ($326,8). De groei van de handel onder de leiders: Argentinië (4,5%), Verenigde Staten (4,3%), Mexico (4,1%), Canada (2,4%) en Brazilië (1,8%).

de jaren 2000

De toegevoegde waarde van de handel in Amerika bedroeg in de jaren 2000 US$2,4 biljoen per jaar. Het aandeel in de wereld was 37,8%.

Het aandeel van de handel in de economie van Amerika was 14,9% in de jaren 2000, en was vergelijkbaar met de Verenigde Staten (14,9%), de Nederland (14,9%), Soedan (15,0%).

De handel per hoofd in Amerika was $2.770,2 in de jaren 2000s, en was vergelijkbaar met Europa (US$2,8 duizend), de Cookeilanden (US$2,7 duizend), Nieuw-Zeeland (US$2,8 duizend). De toegevoegde waarde van de handel per hoofd in Amerika was in 2,8 keer hoger dan de handel per hoofd van de bevolking in de wereld ($990,3).

De groei van de handel in Amerika bedroeg 1.6% in de jaren 2000. De groei van de handel in Amerika (1,6%) was minder dan de groei van de handel in de wereld (2,7%).

Vergelijking met regio's. De toegevoegde waarde van de handel in Amerika was groter dan in Europa (US$2,0 biljoen), in Azië (US$1,7 biljoen), in Afrika (US$148,7 miljard) en in Oceanië (US$97,4 miljard). De sector van de handel per hoofd in Amerika was groter dan in Azië (US$438,7) en in Afrika (US$164,0); maar minder dan in Oceanië (US$2,9 duizend) en in Europa (US$2,8 duizend). De groei van de handel in Amerika was minder dan in Afrika (5,9%), in Azië (4,5%), in Oceanië (3,0%) en in Europa (2,2%).

Subregio's. De sector van de handel in Amerika in de jaren 2000 bestond uit: Noord-Amerika (82,4%), Zuid-Amerika (8,9%), Centraal-Amerika (7,2%) en Caraïben (1,5%). Het aandeel van de handel in de economie van subregio's: Centraal-Amerika (19,0%), Caraïben (17,3%), Noord-Amerika (14,7%) en Zuid-Amerika (13,5%). De handel per hoofd van de bevolking in subregio's: Noord-Amerika ($6.153,7), Centraal-Amerika ($1.205,2), Caraïben ($950,2) en Zuid-Amerika ($585,4). De groei van de handel in subregio's: Zuid-Amerika (3,7%), Caraïben (2,8%), Centraal-Amerika (1,5%) en Noord-Amerika (1,2%).

Leiders. De toegevoegde waarde van de handel in Amerika in de jaren 2000 bestond uit: Verenigde Staten (77,1%), Mexico (6,5%), Canada (5,3%), Brazilië (4,4%), Argentinië (1,5%), en andere (5,2%). Het aandeel van de handel in economie van de leiders: Mexico (19,2%), Argentinië (17,1%), Verenigde Staten (14,9%), Brazilië (12,9%) en Canada (12,6%). De waarde van de handel per hoofd in Amerika onder de leiders: Verenigde Staten ($6.383,1), Canada ($4.048,4), Mexico ($1.509,3), Argentinië ($925,8) en Brazilië ($579,6). De groei van de handel onder de leiders: Brazilië (3,3%), Canada (2,9%), Argentinië (2,2%), Mexico (1,2%) en Verenigde Staten (1,1%).

de jaren 2010

De waarde van de handel in Amerika bedroeg in de jaren 2010 US$3,7 biljoen per jaar, en was vergelijkbaar met Azië (US$3,6 biljoen). Het aandeel in de wereld was 35,2%.

Het aandeel van de handel in de economie van Amerika was 15,0% in de jaren 2010, en was vergelijkbaar met Uruguay (15,0%), Servië (15,0%), Zuid-Afrika (14,9%).

De sector van de handel per hoofd in Amerika was $3.802,7 in de jaren 2010s, en was vergelijkbaar met Palau (US$3,7 duizend). De toegevoegde waarde van de handel per hoofd in Amerika was in 2,6 keer hoger dan de handel per hoofd van de bevolking in de wereld ($1.436,8).

De groei van de handel in Amerika bedroeg 2.1% in de jaren 2010, en was vergelijkbaar met Melanesië (2,1%), Polynesië (2,1%), Jordanië (2,1%). De groei van de handel in Amerika (2,1%) was minder dan de groei van de handel in de wereld (3,3%).

Vergelijking met regio's. De sector van de handel in Amerika was 2,4% groter dan in Azië (US$3,6 biljoen), 37,6% groter dan in Europa (US$2,7 biljoen), 10,9 keer groter dan in Afrika (US$340,8 miljard) en 20,7 keer groter dan in Oceanië (US$178,6 miljard). De sector van de handel per hoofd in Amerika was 5,0% groter dan in Europa (US$3,6 duizend), 4,6 keer groter dan in Azië (US$821,1) en 13,0 keer groter dan in Afrika (US$291,7); maar 16,4% minder dan in Oceanië (US$4,6 duizend). De groei van de handel in Amerika was groter dan in Oceanië (2,0%) en in Europa (2,0%); maar minder dan in Azië (5,6%) en in Afrika (3,4%).

Subregio's. De handel van Amerika in de jaren 2010 bestond uit: Noord-Amerika (76,0%), Zuid-Amerika (14,9%), Centraal-Amerika (7,5%) en Caraïben (1,6%). Het aandeel van de handel in de economie van subregio's: Centraal-Amerika (20,8%), Caraïben (18,3%), Zuid-Amerika (15,6%) en Noord-Amerika (14,4%). De handel per hoofd van de bevolking in subregio's: Noord-Amerika ($7.923,4), Centraal-Amerika ($1.658,8), Caraïben ($1.454,7) en Zuid-Amerika ($1.344,6). De groei van de handel in subregio's: Centraal-Amerika (4,1%), Caraïben (2,5%), Noord-Amerika (2,3%) en Zuid-Amerika (0,019%).

Leiders. De waarde van de handel in Amerika in de jaren 2010 bestond uit: Verenigde Staten (70,6%), Brazilië (7,7%), Mexico (6,4%), Canada (5,4%), Argentinië (2,2%), en andere (7,6%). Het aandeel van de handel in economie van de leiders: Mexico (21,0%), Argentinië (17,6%), Brazilië (15,5%), Verenigde Staten (14,6%) en Canada (12,5%). De handel per hoofd in Amerika onder de leiders: Verenigde Staten ($8.186,4), Canada ($5.577,6), Mexico ($1.970,5), Argentinië ($1.913,5) en Brazilië ($1.411,1). De groei van de handel onder de leiders: Mexico (4,1%), Canada (2,5%), Verenigde Staten (2,3%), Brazilië (0,98%) en Argentinië (0,62%).

Hoofdstuk IX. Diensten

(ISIC J-P)

De sector van de diensten in Amerika steeg van US$841,3 miljard per jaar in de jaren 1970 tot US$12,8 biljoen per jaar in de jaren 2010, dat wil zeggen met US$12,0 biljoen of 15,3 keer. De verandering vond plaats op US$10,6 biljoen als gevolg van een 5,6-voudige stijging van de prijzen, en ook op US$815,4 miljard als gevolg van een 1,6-voudige toename van de productiviteit , evenals op US$623,3 miljard als gevolg van de toename van de bevolking. De gemiddelde jaarlijkse groei van de diensten is 2,6%. De minimumwaarde van de diensten bedroeg US$498,8 miljard in 1970. De maximumwaarde van de diensten bedroeg US$14,8 biljoen in 2019.

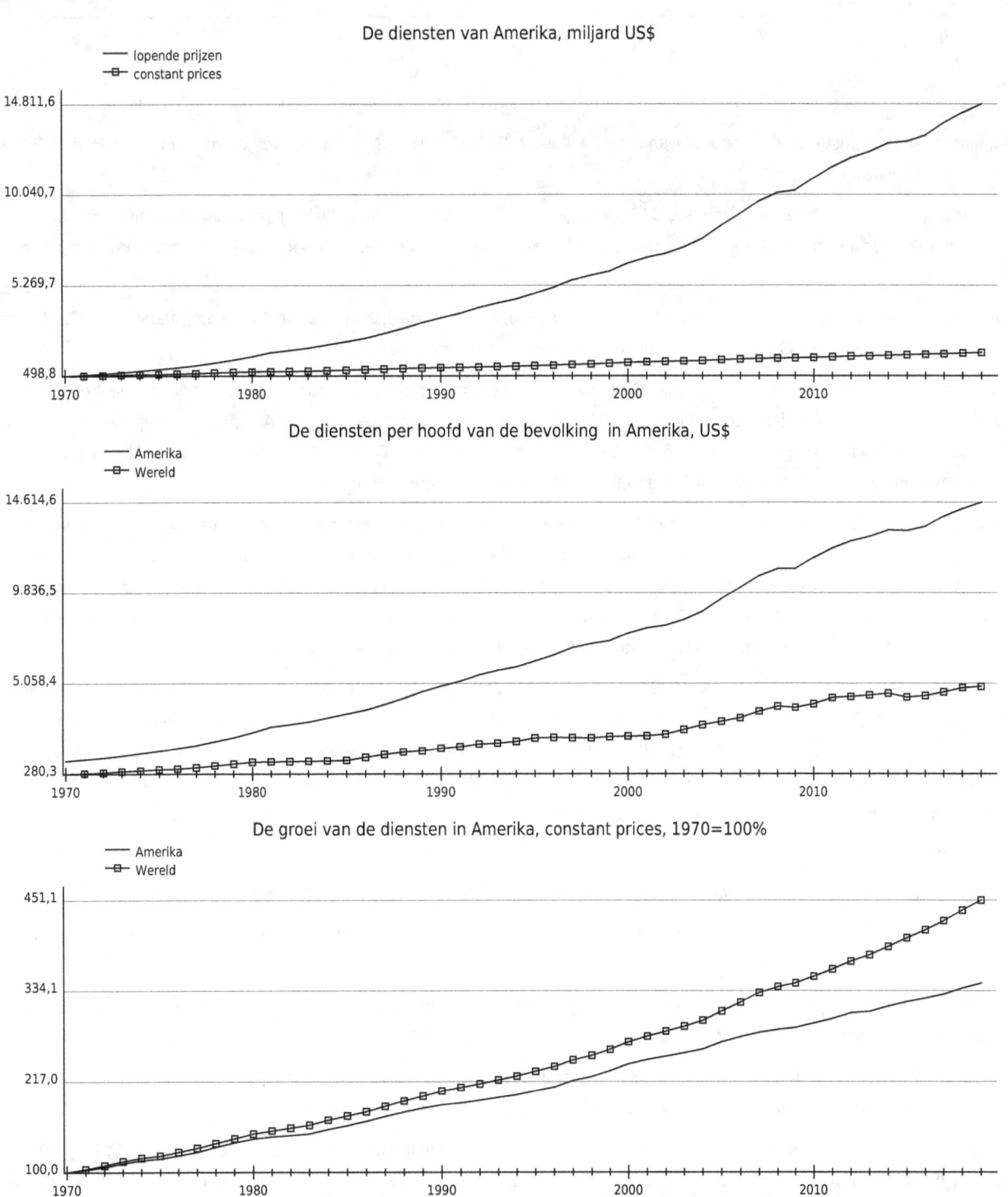

De diensten van Amerika, miljard US$

De diensten per hoofd van de bevolking in Amerika, US$

De groei van de diensten in Amerika, constant prices, 1970=100%

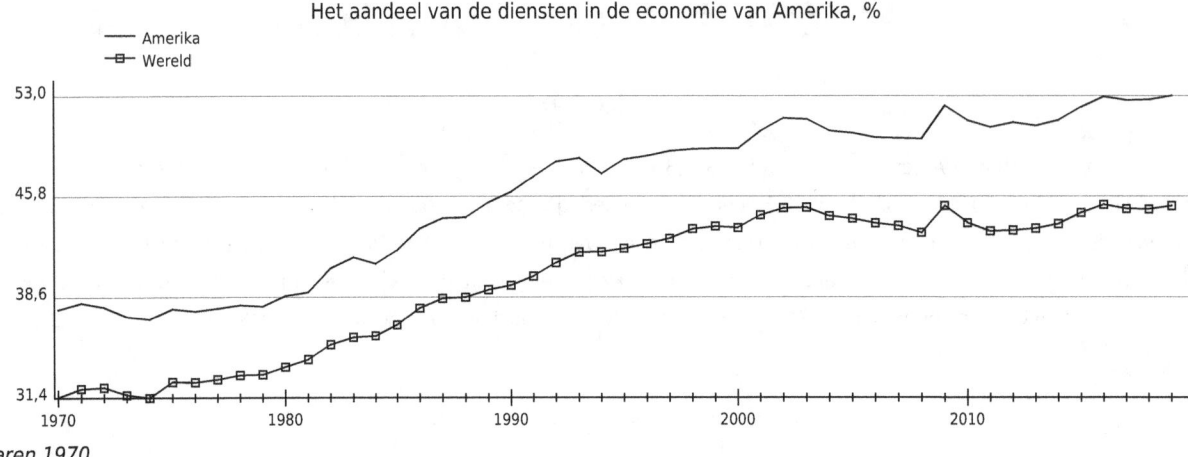

Het aandeel van de diensten in de economie van Amerika, %

de jaren 1970

De waarde van de diensten in Amerika bedroeg in de jaren 1970 US$841,3 miljard per jaar. Het aandeel in de wereld was 41,1%.

Het aandeel van de diensten in de economie van Amerika was 37,7% in de jaren 1970, en was vergelijkbaar met San Marino (37,7%), Monaco (37,8%), Palestina (37,9%).

De diensten per hoofd in Amerika waren $1.502,8 in de jaren 1970s, en waren vergelijkbaar met Saoedi-Arabië (US$1.527,8). De waarde van de diensten per hoofd in Amerika was in 3,0 keer hoger dan de diensten per hoofd van de bevolking in de wereld ($506,9).

De groei van de diensten in Amerika bedroeg 3.7% in de jaren 1970, en was vergelijkbaar met Bhutan (3,6%), Namibië (3,6%). De groei van de diensten in Amerika (3,7%) was minder dan de groei van de diensten in de wereld (4,1%).

Vergelijking met regio's. De waarde van de diensten in Amerika was groter dan in Europa (US$819,9 miljard), in Azië (US$282,2 miljard), in Afrika (US$64,0 miljard) en in Oceanië (US$39,4 miljard). De diensten per hoofd in Amerika waren groter dan in Europa (US$1.130,2), in Afrika (US$156,0) en in Azië (US$121,6); maar minder dan in Oceanië (US$1.847,3). De groei van de diensten in Amerika was minder dan in Azië (6,5%), in Afrika (5,5%), in Oceanië (4,0%) en in Europa (3,7%).

Subregio's. De toegevoegde waarde van de diensten in Amerika in de jaren 1970 bestond uit: Noord-Amerika (87,0%), Zuid-Amerika (8,3%), Centraal-Amerika (3,5%) en Caraïben (1,2%). Het aandeel van de diensten in de economie van subregio's: Noord-Amerika (39,5%), Caraïben (30,7%), Zuid-Amerika (29,8%) en Centraal-Amerika (26,1%). De diensten per hoofd van de bevolking in subregio's: Noord-Amerika ($3.034,7), Caraïben ($395,0), Centraal-Amerika ($370,1) en Zuid-Amerika ($327,0). De groei van de diensten in subregio's: Zuid-Amerika (6,7%), Centraal-Amerika (5,5%), Caraïben (4,9%) en Noord-Amerika (3,3%).

Leiders. De diensten van Amerika in de jaren 1970 bestonden uit: Verenigde Staten (80,2%), Canada (6,8%), Brazilië (3,7%), Mexico (3,0%), Argentinië (1,5%), en andere (4,9%). Het aandeel van de diensten in economie van de leiders: Verenigde Staten (39,8%), Canada (36,8%), Brazilië (31,7%), Argentinië (26,7%) en Mexico (25,4%). De diensten per hoofd in Amerika onder de leiders: Verenigde Staten ($3.090,2), Canada ($2.499,9), Argentinië ($482,7), Mexico ($428,9) en Brazilië ($290,9). De groei van de diensten onder de leiders: Brazilië (9,4%), Mexico (5,7%), Canada (4,0%), Verenigde Staten (3,3%) en Argentinië (3,0%).

de jaren 1980

De diensten van Amerika bedroegen in de jaren 1980 US$2,3 biljoen per jaar. Het aandeel in de wereld was 42,5%.

Het aandeel van de diensten in de economie van Amerika was 42,4% in de jaren 1980, en was vergelijkbaar met de Maldiven (42,5%), Hongkong (42,1%), Dominica (42,7%).

De sector van de diensten per hoofd in Amerika was $3.456,8 in de jaren 1980s. De sector van de diensten per hoofd in Amerika was in 3,1 keer hoger dan de diensten per hoofd van de bevolking in de wereld ($1.115,5).

De groei van de diensten in Amerika bedroeg 2.8% in de jaren 1980, en was vergelijkbaar met Noord-Amerika (2,8%), de Verenigde Staten (2,8%). De groei van de diensten in Amerika (2,8%) was minder dan de groei van de diensten in de wereld (3,3%).

Vergelijking met regio's. De sector van de diensten in Amerika was groter dan in Europa (US$1,9 biljoen), in Azië (US$997,1 miljard), in Afrika (US$127,7 miljard) en in Oceanië (US$97,5 miljard). De toegevoegde waarde van de diensten per hoofd in Amerika was groter dan in Europa (US$2,4 duizend), in Azië (US$351,5) en in Afrika (US$235,7); maar minder dan in Oceanië (US$3,9 duizend). De groei van de diensten in Amerika was minder dan in Azië (5,3%), in Oceanië (4,0%), in Afrika (3,9%) en in Europa (3,0%).

Subregio's. De diensten van Amerika in de jaren 1980 bestonden uit: Noord-Amerika (88,5%), Zuid-Amerika (7,8%), Centraal-Amerika (2,6%) en Caraïben (1,0%). Het aandeel van de diensten in de economie van subregio's: Noord-Amerika (44,6%), Zuid-Amerika (34,0%), Caraïben (32,1%) en Centraal-Amerika (22,7%). De diensten per hoofd van de bevolking in subregio's: Noord-Amerika ($7.640,1), Caraïben ($773,8), Zuid-Amerika ($675,3) en Centraal-Amerika ($591,5). De groei van de diensten in subregio's: Caraïben (4,2%), Centraal-Amerika (2,9%), Zuid-Amerika (2,9%) en Noord-Amerika (2,8%).

Leiders. De toegevoegde waarde van de diensten in Amerika in de jaren 1980 bestond uit: Verenigde Staten (82,1%), Canada (6,4%), Brazilië (3,8%), Mexico (2,2%), Argentinië (1,3%), en andere (4,2%). Het aandeel van de diensten in economie van de leiders: Verenigde Staten (45,0%), Canada (40,7%), Brazilië (36,4%), Argentinië (33,4%) en Mexico (21,4%). De toegevoegde waarde van de diensten per hoofd in Amerika onder de leiders: Verenigde Staten ($7.844,6), Canada ($5.722,5), Argentinië ($1.020,8), Mexico ($669,3) en Brazilië ($649,3). De groei van de diensten onder de leiders: Brazilië (3,7%), Mexico (3,1%), Verenigde Staten (2,8%), Canada (2,8%) en Argentinië (0,88%).

de jaren 1990

De waarde van de diensten in Amerika bedroeg in de jaren 1990 US$4,8 biljoen per jaar. Het aandeel in de wereld was 41,5%.

Het aandeel van de diensten in de economie van Amerika was 48,3% in de jaren 1990, en was vergelijkbaar met Namibië (48,5%), Libanon (48,0%), de Seychellen (47,9%).

De toegevoegde waarde van de diensten per hoofd in Amerika was $6.173,1 in de jaren 1990s, en was vergelijkbaar met Nieuw-Zeeland (US$6,1 duizend). De waarde van de diensten per hoofd in Amerika was in 3,1 keer hoger dan de diensten per hoofd van de bevolking in de wereld ($2.014,6).

De groei van de diensten in Amerika bedroeg 2.4% in de jaren 1990, en was vergelijkbaar met Griekenland (2,3%), Noord-Macedonië (2,4%). De groei van de diensten in Amerika (2,4%) was minder dan de groei van de diensten in de wereld (2,7%).

Vergelijking met regio's. De diensten van Amerika waren groter dan in Europa (US$3,8 biljoen), in Azië (US$2,5 biljoen), in Oceanië (US$185,7 miljard) en in Afrika (US$154,3 miljard). De diensten per hoofd in Amerika waren groter dan in Europa (US$5,3 duizend), in Azië (US$732,9) en in Afrika (US$217,8); maar minder dan in Oceanië (US$6,4 duizend). De groei van de diensten in Amerika was groter dan in Europa (2,1%); maar minder dan in Azië (4,5%), in Oceanië (3,6%) en in Afrika (2,6%).

Subregio's. De toegevoegde waarde van de diensten in Amerika in de jaren 1990 bestond uit: Noord-Amerika (85,4%), Zuid-Amerika (10,5%), Centraal-Amerika (3,3%) en Caraïben (0,85%). Het aandeel van de diensten in de economie van subregio's: Noord-Amerika (49,9%), Zuid-Amerika (44,9%), Caraïben (35,5%) en Centraal-Amerika (32,0%). De diensten per hoofd van de bevolking in subregio's: Noord-Amerika ($13.846,2), Zuid-Amerika ($1.571,0), Centraal-Amerika ($1.256,5) en Caraïben ($1.152,6). De groei van de diensten in subregio's: Centraal-Amerika (3,2%), Caraïben (3,1%), Zuid-Amerika (2,5%) en Noord-Amerika (2,3%).

Leiders. De waarde van de diensten in Amerika in de jaren 1990 bestond uit: Verenigde Staten (79,7%), Brazilië (6,3%), Canada (5,6%), Mexico (2,9%), Argentinië (2,1%), en andere (3,4%). Het aandeel van de diensten in economie van de leiders: Brazilië (52,1%), Verenigde Staten (50,2%), Canada (46,6%), Argentinië (42,2%) en Mexico (31,7%). De sector van de diensten per hoofd in Amerika onder de leiders: Verenigde Staten ($14.354,4), Canada ($9.192,4), Argentinië ($2.876,8), Brazilië ($1.867,2) en Mexico ($1.529,7). De groei van de diensten onder de leiders: Argentinië (4,1%), Mexico (3,0%), Canada (2,5%), Verenigde Staten (2,3%) en Brazilië (1,8%).

de jaren 2000

De waarde van de diensten in Amerika bedroeg in de jaren 2000 US$8,3 biljoen per jaar. Het aandeel in de wereld was 42,2%.

Het aandeel van de diensten in de economie van Amerika was 50,5% in de jaren 2000, en was vergelijkbaar met Andorra (50,5%), Israël (50,6%), de Marshalleilanden (50,3%).

De toegevoegde waarde van de diensten per hoofd in Amerika was $9.407,5 in de jaren 2000s, en was vergelijkbaar met Spanje (US$9,3 duizend). De Diensten per hoofd in Amerika waren in 3,1 keer hoger dan de diensten per hoofd van de bevolking in de wereld ($3.011,2).

De groei van de diensten in Amerika bedroeg 2.2% in de jaren 2000, en was vergelijkbaar met Zuid-Europa (2,2%), Dominica (2,2%).

De groei van de diensten in Amerika (2,2%) was minder dan de groei van de diensten in de wereld (2,9%).

Vergelijking met regio's. De waarde van de diensten in Amerika was groter dan in Europa (US$6,4 biljoen), in Azië (US$4,2 biljoen), in Oceanië (US$370,5 miljard) en in Afrika (US$284,9 miljard). De sector van de diensten per hoofd in Amerika was groter dan in Europa (US$8,8 duizend), in Azië (US$1.071,6) en in Afrika (US$314,3); maar minder dan in Oceanië (US$11,1 duizend). De groei van de diensten in Amerika was groter dan in Europa (2,0%); maar minder dan in Azië (5,5%), in Afrika (5,1%) en in Oceanië (3,2%).

Subregio's. De waarde van de diensten in Amerika in de jaren 2000 bestond uit: Noord-Amerika (87,4%), Zuid-Amerika (7,8%), Centraal-Amerika (3,8%) en Caraïben (0,96%). Het aandeel van de diensten in de economie van subregio's: Noord-Amerika (53,0%), Zuid-Amerika (40,4%), Caraïben (37,3%) en Centraal-Amerika (34,6%). De diensten per hoofd van de bevolking in subregio's: Noord-Amerika ($22.145,8), Centraal-Amerika ($2.193,5), Caraïben ($2.046,8) en Zuid-Amerika ($1.754,7). De groei van de diensten in subregio's: Caraïben (3,3%), Zuid-Amerika (3,0%), Centraal-Amerika (2,7%) en Noord-Amerika (2,1%).

Leiders. De sector van de diensten in Amerika in de jaren 2000 bestond uit: Verenigde Staten (81,4%), Canada (5,9%), Brazilië (4,7%), Mexico (3,4%), Argentinië (0,95%), en andere (3,6%). Het aandeel van de diensten in economie van de leiders: Verenigde Staten (53,4%), Canada (47,7%), Brazilië (46,8%), Argentinië (37,7%) en Mexico (34,1%). De waarde van de diensten per hoofd in Amerika onder de leiders: Verenigde Staten ($22.883,5), Canada ($15.334,6), Mexico ($2.684,7), Brazilië ($2.094,6) en Argentinië ($2.038,0). De groei van de diensten onder de leiders: Canada (3,0%), Brazilië (2,9%), Mexico (2,3%), Argentinië (2,2%) en Verenigde Staten (2,0%).

de jaren 2010

De diensten van Amerika bedroegen in de jaren 2010 US$12,8 biljoen per jaar. Het aandeel in de wereld was 39,2%.

Het aandeel van de diensten in de economie van Amerika was 51,9% in de jaren 2010, en was vergelijkbaar met Aruba (51,9%), Australië (51,8%), Australazië (51,7%).

De toegevoegde waarde van de diensten per hoofd in Amerika was $13.184,6 in de jaren 2010s, en was vergelijkbaar met Cyprus (US$13,4 duizend), Malta (US$12,9 duizend). De toegevoegde waarde van de diensten per hoofd in Amerika was in 3,0 keer hoger dan de diensten per hoofd van de bevolking in de wereld ($4.467,8).

De groei van de diensten in Amerika bedroeg 1.8% in de jaren 2010, en was vergelijkbaar met Liechtenstein (1,8%), Litouwen (1,8%), Brazilië (1,8%). De groei van de diensten in Amerika (1,8%) was minder dan de groei van de diensten in de wereld (2,7%).

Vergelijking met regio's. De waarde van de diensten in Amerika was 36,3% groter dan in Azië (US$9,4 biljoen), 41,4% groter dan in Europa (US$9,1 biljoen), 16,2 keer groter dan in Oceanië (US$794,2 miljard) en 20,8 keer groter dan in Afrika (US$617,1 miljard). De toegevoegde waarde van de diensten per hoofd in Amerika was 8,0% groter dan in Europa (US$12,2 duizend), 6,2 keer groter dan in Azië (US$2,1 duizend) en 25,0 keer groter dan in Afrika (US$528,2); maar 34,8% minder dan in Oceanië (US$20,2 duizend). De groei van de diensten in Amerika was groter dan in Europa (1,3%); maar minder dan in Azië (5,4%), in Afrika (3,4%) en in Oceanië (2,9%).

Subregio's. De toegevoegde waarde van de diensten in Amerika in de jaren 2010 bestond uit: Noord-Amerika (83,9%), Zuid-Amerika (11,6%), Centraal-Amerika (3,6%) en Caraïben (0,95%). Het aandeel van de diensten in de economie van subregio's: Noord-Amerika (55,1%), Zuid-Amerika (42,2%), Caraïben (36,9%) en Centraal-Amerika (34,5%). De diensten per hoofd van de bevolking in subregio's: Noord-Amerika ($30.320,7), Zuid-Amerika ($3.629,4), Caraïben ($2.931,8) en Centraal-Amerika ($2.759,0). De groei van de diensten in subregio's: Centraal-Amerika (2,9%), Zuid-Amerika (1,9%), Noord-Amerika (1,8%) en Caraïben (0,98%).

Leiders. De waarde van de diensten in Amerika in de jaren 2010 bestond uit: Verenigde Staten (77,5%), Brazilië (6,8%), Canada (6,3%), Mexico (3,0%), Argentinië (1,5%), en andere (4,9%). Het aandeel van de diensten in economie van de leiders: Verenigde Staten (55,4%), Canada (51,1%), Brazilië (47,5%), Argentinië (40,3%) en Mexico (33,8%). De waarde van de diensten per hoofd in Amerika onder de leiders: Verenigde Staten ($31.159,6), Canada ($22.766,9), Argentinië ($4.372,6), Brazilië ($4.318,9) en Mexico ($3.170,2). De groei van de diensten onder de leiders: Mexico (2,6%), Canada (2,2%), Brazilië (1,8%), Argentinië (1,8%) en Verenigde Staten (1,8%).

Part III. Externe betrekkingen

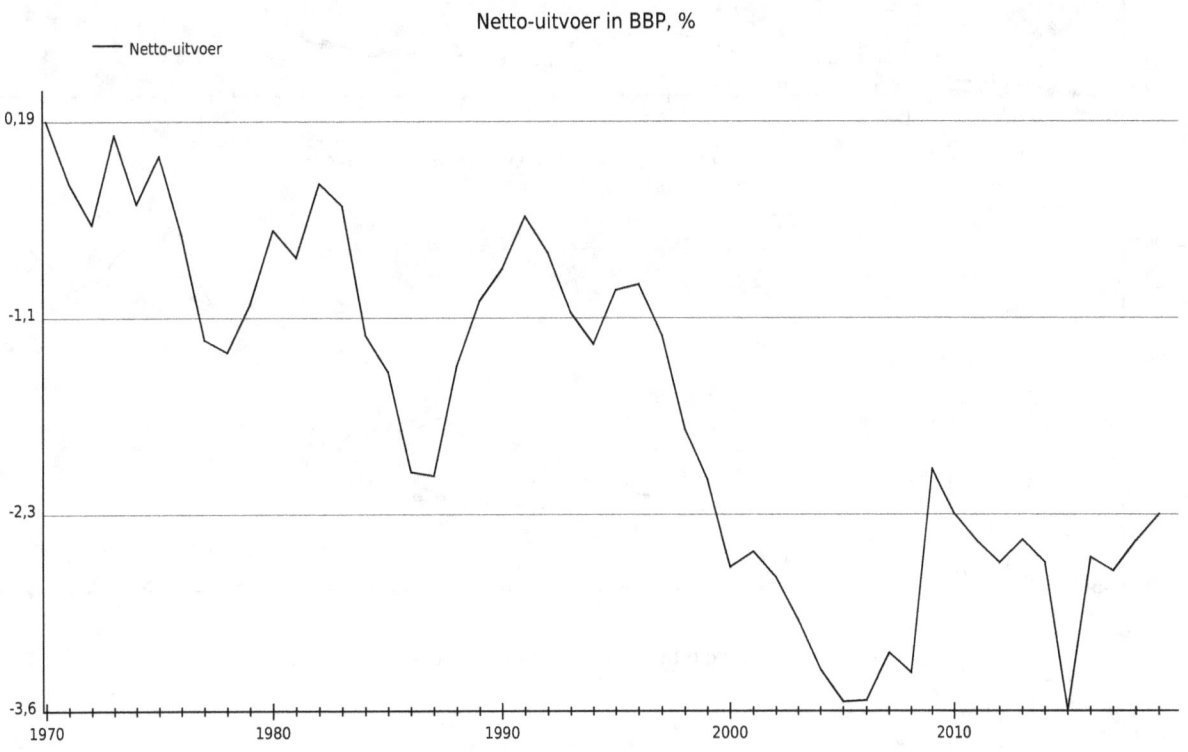

Netto-uitvoer in BBP, %

Hoofdstuk X. Uitvoer

Uitvoer van goederen en diensten

De waarde van de export in Amerika steeg van US$222,4 miljard per jaar in de jaren 1970 tot US$4,1 biljoen per jaar in de jaren 2010, dat wil zeggen met US$3,9 biljoen of 18,4 keer. De verandering vond plaats op US$2,4 biljoen als gevolg van een 2,5-voudige stijging van de prijzen, en ook op US$1,3 biljoen als gevolg van een 4,3-voudige toename van het tarief per hoofd , evenals op US$164,7 miljard als gevolg van de toename van de bevolking. De gemiddelde jaarlijkse groei van de export is 5,0%. De minimumwaarde van de export bedroeg US$103,7 miljard in 1970. De maximumwaarde van de export bedroeg US$4,4 biljoen in 2018.

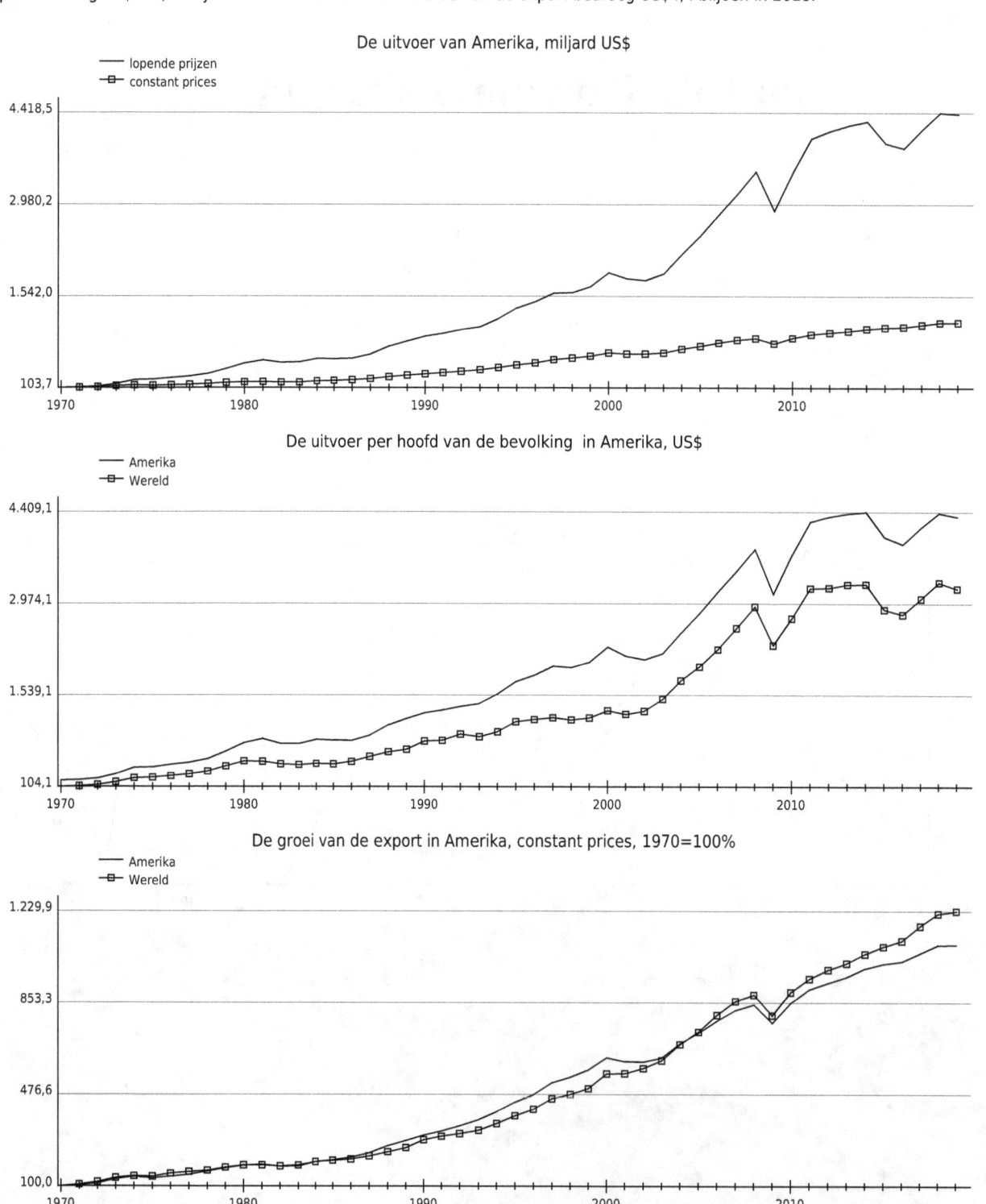

De uitvoer van Amerika, miljard US$

De uitvoer per hoofd van de bevolking in Amerika, US$

De groei van de export in Amerika, constant prices, 1970=100%

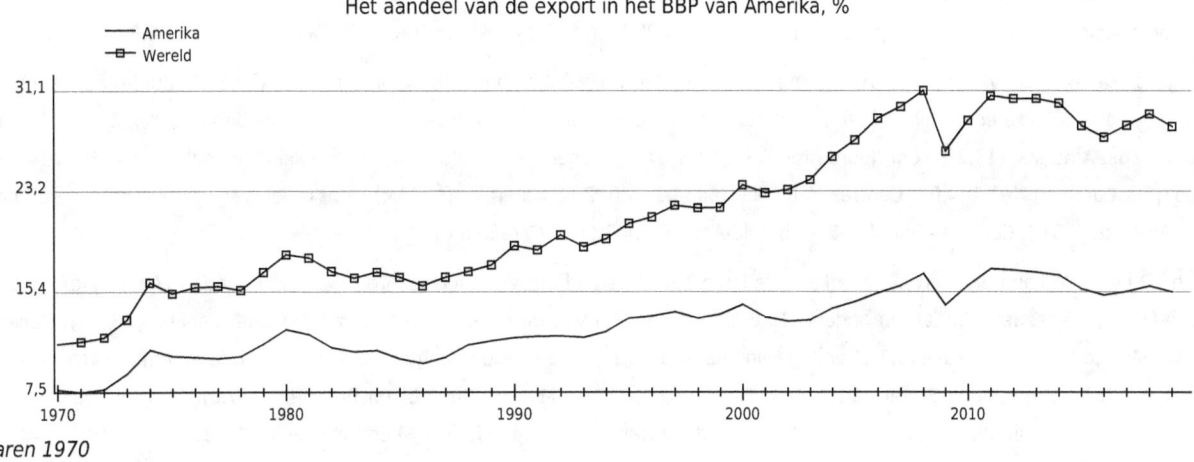

Het aandeel van de export in het BBP van Amerika, %

— Amerika
—□— Wereld

de jaren 1970

De uitvoer van Amerika bedroeg in de jaren 1970 US$222,4 miljard per jaar. Het aandeel in de wereld was 22,8%.

Het aandeel van de export in het BBP van Amerika was 9,8% in de jaren 1970.

De waarde van de export per hoofd in Amerika was $397,2 in de jaren 1970s, en was vergelijkbaar met Spanje (US$394,2), Micronesië (US$400,6), Zuid-Afrika (US$391,6). De waarde van de export per hoofd in Amerika was 64,1% hoger dan de export per hoofd van de bevolking in de wereld ($242,1).

De groei van de export in Amerika bedroeg 6.4% in de jaren 1970, en was vergelijkbaar met Liechtenstein (6,3%), Colombia (6,4%). De groei van de export in Amerika (6,4%) was minder dan de groei van de export in de wereld (6,5%).

Vergelijking met regio's. De waarde van de export in Amerika was groter dan in Azië (US$210,9 miljard), in Afrika (US$56,2 miljard) en in Oceanië (US$18,8 miljard); maar minder dan in Europa (US$469,2 miljard). De waarde van de export per hoofd in Amerika was groter dan in Afrika (US$137,0) en in Azië (US$90,8); maar minder dan in Oceanië (US$882,5) en in Europa (US$646,7). De groei van de export in Amerika was groter dan in Europa (6,1%), in Afrika (5,7%) en in Oceanië (4,4%); maar minder dan in Azië (7,9%).

Subregio's. De uitvoer van Amerika in de jaren 1970 bestond uit: Noord-Amerika (74,9%), Zuid-Amerika (13,3%), Caraïben (6,3%) en Centraal-Amerika (5,5%). Het aandeel van de export in het BBP van subregio's: Caraïben (41,8%), Zuid-Amerika (12,0%), Centraal-Amerika (11,5%) en Noord-Amerika (8,9%). De uitvoer per hoofd van de bevolking in subregio's: Noord-Amerika ($690,7), Caraïben ($526,2), Centraal-Amerika ($155,3) en Zuid-Amerika ($138,8). De groei van de export in subregio's: Zuid-Amerika (7,7%), Centraal-Amerika (7,4%), Noord-Amerika (6,1%) en Caraïben (5,4%).

Leiders. De uitvoer van Amerika in de jaren 1970 bestond uit: Verenigde Staten (57,6%), Canada (17,2%), Venezuela (3,9%), Mexico (3,4%), Brazilië (3,3%), en andere (14,6%). Het aandeel van de export in BBP van de leiders: Venezuela (28,1%), Canada (23,0%), Mexico (8,1%), Verenigde Staten (7,5%) en Brazilië (7,2%). De waarde van de export per hoofd in Amerika onder de leiders: Canada ($1.673,2), Venezuela ($667,2), Verenigde Staten ($586,5), Mexico ($130,3) en Brazilië ($69,4). De groei van de export onder de leiders: Venezuela (9,0%), Brazilië (8,6%), Mexico (8,6%), Verenigde Staten (6,8%) en Canada (4,1%).

de jaren 1980

De waarde van de export in Amerika bedroeg in de jaren 1980 US$590,0 miljard per jaar. Het aandeel in de wereld was 23,0%.

Het aandeel van de export in het BBP van Amerika was 10,9% in de jaren 1980, en was vergelijkbaar met West-Afrika (10,9%).

De waarde van de export per hoofd in Amerika was $890,9 in de jaren 1980s, en was vergelijkbaar met Zuid-Korea (US$898,1), Swaziland (US$875,8). De uitvoer per hoofd in Amerika was 68,1% hoger dan de export per hoofd van de bevolking in de wereld ($529,9).

De groei van de export in Amerika bedroeg 5.1% in de jaren 1980, en was vergelijkbaar met de Centraal-Afrikaanse Republiek (5,1%), Denemarken (5,1%), Israël (5,1%). De groei van de export in Amerika (5,1%) was groter dan de groei van de export in de wereld (3,8%).

Vergelijking met regio's. De waarde van de export in Amerika was groter dan in Afrika (US$109,1 miljard) en in Oceanië (US$44,1 miljard); maar minder dan in Europa (US$1,2 biljoen) en in Azië (US$649,8 miljard). De waarde van de export per hoofd in Amerika was groter dan in Azië (US$229,0) en in Afrika (US$201,4); maar minder dan in Oceanië (US$1.779,0) en in Europa (US$1.521,7). De groei van de export in Amerika was groter dan in Oceanië (4,3%), in Azië (4,1%), in Europa (4,0%) en in Afrika (-0,87%).

Subregio's. De waarde van de export in Amerika in de jaren 1980 bestond uit: Noord-Amerika (74,7%), Zuid-Amerika (11,9%), Centraal-Amerika (7,4%) en Caraïben (6,0%). Het aandeel van de export in het BBP van subregio's: Caraïben (48,0%), Centraal-Amerika (18,0%), Zuid-Amerika (13,2%) en Noord-Amerika (9,7%). De uitvoer per hoofd van de bevolking in subregio's: Noord-Amerika ($1.661,7), Caraïben ($1.144,0), Centraal-Amerika ($434,1) en Zuid-Amerika ($264,4). De groei van de export in subregio's: Noord-Amerika (5,5%), Centraal-Amerika (5,4%), Zuid-Amerika (4,2%) en Caraïben (3,5%).

Leiders. De waarde van de export in Amerika in de jaren 1980 bestond uit: Verenigde Staten (57,4%), Canada (17,1%), Mexico (5,9%), Brazilië (3,8%), Venezuela (2,8%), en andere (13,0%). Het aandeel van de export in BBP van de leiders: Canada (26,3%), Venezuela (26,1%), Mexico (16,0%), Brazilië (9,7%) en Verenigde Staten (8,1%). De waarde van de export per hoofd in Amerika onder de leiders: Canada ($3.937,4), Verenigde Staten ($1.413,8), Venezuela ($957,3), Mexico ($459,6) en Brazilië ($167,8). De groei van de export onder de leiders: Brazilië (9,8%), Mexico (7,9%), Verenigde Staten (5,7%), Canada (4,7%) en Venezuela (-0,63%).

de jaren 1990

De uitvoer van Amerika bedroeg in de jaren 1990 US$1,3 biljoen per jaar. Het aandeel in de wereld was 21,9%.

Het aandeel van de export in het BBP van Amerika was 12,8% in de jaren 1990.

De waarde van de export per hoofd in Amerika was $1.662,5 in de jaren 1990s. De waarde van de export per hoofd in Amerika was 61,5% hoger dan de export per hoofd van de bevolking in de wereld ($1.029,5).

De groei van de export in Amerika bedroeg 7.3% in de jaren 1990, en was vergelijkbaar met de Kaaimaneilanden (7,2%), Oceanië (7,2%), Centraal-Afrika (7,3%). De groei van de export in Amerika (7,3%) was groter dan de groei van de export in de wereld (6,9%).

Vergelijking met regio's. De uitvoer van Amerika was groter dan in Afrika (US$143,2 miljard) en in Oceanië (US$91,1 miljard); maar minder dan in Europa (US$2,8 biljoen) en in Azië (US$1,6 biljoen). De uitvoer per hoofd in Amerika was groter dan in Azië (US$456,7) en in Afrika (US$202,1); maar minder dan in Europa (US$3,8 duizend) en in Oceanië (US$3,2 duizend). De groei van de export in Amerika was groter dan in Oceanië (7,2%), in Europa (6,5%) en in Afrika (2,5%); maar minder dan in Azië (8,1%).

Subregio's. De uitvoer van Amerika in de jaren 1990 bestond uit: Noord-Amerika (76,5%), Zuid-Amerika (10,8%), Centraal-Amerika (8,4%) en Caraïben (4,3%). Het aandeel van de export in het BBP van subregio's: Caraïben (47,7%), Centraal-Amerika (21,6%), Noord-Amerika (12,0%) en Zuid-Amerika (11,5%). De uitvoer per hoofd van de bevolking in subregio's: Noord-Amerika ($3.340,9), Caraïben ($1.579,7), Centraal-Amerika ($875,3) en Zuid-Amerika ($433,3). De groei van de export in subregio's: Centraal-Amerika (10,9%), Noord-Amerika (7,4%), Zuid-Amerika (6,4%) en Caraïben (3,1%).

Leiders. De waarde van de export in Amerika in de jaren 1990 bestond uit: Verenigde Staten (60,3%), Canada (16,0%), Mexico (6,9%), Brazilië (3,8%), Puerto Rico (2,3%), en andere (10,7%). Het aandeel van de export in BBP van de leiders: Puerto Rico (70,0%), Canada (33,3%), Mexico (19,6%), Verenigde Staten (10,2%) en Brazilië (7,9%). De uitvoer per hoofd in Amerika onder de leiders: Puerto Rico ($8.456,3), Canada ($7.086,9), Verenigde Staten ($2.925,3), Mexico ($969,8) en Brazilië ($300,8). De groei van de export onder de leiders: Mexico (12,6%), Canada (8,0%), Verenigde Staten (7,2%), Brazilië (5,5%) en Puerto Rico (2,5%).

de jaren 2000

De uitvoer van Amerika bedroeg in de jaren 2000 US$2,4 biljoen per jaar. Het aandeel in de wereld was 19,4%.

Het aandeel van de export in het BBP van Amerika was 14,6% in de jaren 2000, en was vergelijkbaar met Soedan (14,6%).

De uitvoer per hoofd in Amerika was $2.781,7 in de jaren 2000s, en was vergelijkbaar met Polen (US$2,8 duizend). De waarde van de export per hoofd in Amerika was 43,9% hoger dan de export per hoofd van de bevolking in de wereld ($1.933,7).

De groei van de export in Amerika bedroeg 2.9% in de jaren 2000, en was vergelijkbaar met Somalië (2,9%). De groei van de export in Amerika (2,9%) was minder dan de groei van de export in de wereld (4,8%).

Vergelijking met regio's. De waarde van de export in Amerika was groter dan in Afrika (US$361,2 miljard) en in Oceanië (US$183,2 miljard); maar minder dan in Europa (US$5,6 biljoen) en in Azië (US$4,0 biljoen). De uitvoer per hoofd in Amerika was groter dan in Azië (US$1.011,8) en in Afrika (US$398,4); maar minder dan in Europa (US$7,6 duizend) en in Oceanië (US$5,5 duizend). De groei van de export in Amerika was minder dan in Azië (7,5%), in Afrika (5,3%), in Europa (3,8%) en in Oceanië (3,0%).

Subregio's. De uitvoer van Amerika in de jaren 2000 bestond uit: Noord-Amerika (70,4%), Zuid-Amerika (14,2%), Centraal-Amerika (10,8%) en Caraïben (4,6%). Het aandeel van de export in het BBP van subregio's: Caraïben (51,2%), Centraal-Amerika (27,3%), Zuid-Amerika (19,1%) en Noord-Amerika (12,6%). De uitvoer per hoofd van de bevolking in subregio's: Noord-Amerika ($5.277,7), Caraïben ($2.898,9), Centraal-Amerika ($1.813,7) en Zuid-Amerika ($943,9). De groei van de export in subregio's: Zuid-Amerika (4,7%), Caraïben (3,4%), Centraal-Amerika (2,9%) en Noord-Amerika (2,5%).

Leiders. De uitvoer van Amerika in de jaren 2000 bestond uit: Verenigde Staten (54,0%), Canada (16,3%), Mexico (9,2%), Brazilië (5,3%), Puerto Rico (2,7%), en andere (12,6%). Het aandeel van de export in BBP van de leiders: Puerto Rico (80,1%), Canada (36,1%), Mexico (25,9%), Brazilië (13,3%) en Verenigde Staten (10,5%). De uitvoer per hoofd in Amerika onder de leiders: Puerto Rico ($17.888,4), Canada ($12.431,5), Verenigde Staten ($4.488,4), Mexico ($2.127,8) en Brazilië ($701,0). De groei van de export onder de leiders: Brazilië (6,5%), Verenigde Staten (3,3%), Puerto Rico (3,2%), Mexico (2,6%) en Canada (-0,37%).

de jaren 2010

De uitvoer van Amerika bedroeg in de jaren 2010 US$4,1 biljoen per jaar. Het aandeel in de wereld was 18,0%.

Het aandeel van de export in het BBP van Amerika was 16,1% in de jaren 2010, en was vergelijkbaar met Zuid-Amerika (16,1%), Tadzjikistan (16,2%), Rwanda (15,9%).

De uitvoer per hoofd in Amerika was $4.197,2 in de jaren 2010s, en was vergelijkbaar met Thailand (US$4,2 duizend), Frans-Polynesië (US$4,2 duizend), Wit-Rusland (US$4,2 duizend). De uitvoer per hoofd in Amerika was 35,4% hoger dan de export per hoofd van de bevolking in de wereld ($3.098,9).

De groei van de export in Amerika bedroeg 3.6% in de jaren 2010, en was vergelijkbaar met Oeganda (3,5%), Peru (3,6%). De groei van de export in Amerika (3,6%) was minder dan de groei van de export in de wereld (4,4%).

Vergelijking met regio's. De waarde van de export in Amerika was 6,6 keer groter dan in Afrika (US$624,2 miljard) en 10,9 keer groter dan in Oceanië (US$376,8 miljard); maar 2,2 keer minder dan in Europa (US$9,0 biljoen) en 2,1 keer minder dan in Azië (US$8,7 biljoen). De waarde van de export per hoofd in Amerika was 2,1 keer groter dan in Azië (US$1.964,3) en 7,9 keer groter dan in Afrika (US$534,3); maar 2,9 keer minder dan in Europa (US$12,1 duizend) en 2,3 keer minder dan in Oceanië (US$9,6 duizend). De groei van de export in Amerika was groter dan in Afrika (-1,2%); maar minder dan in Azië (5,3%), in Europa (4,4%) en in Oceanië (3,9%).

Subregio's. De uitvoer van Amerika in de jaren 2010 bestond uit: Noord-Amerika (68,6%), Zuid-Amerika (15,9%), Centraal-Amerika (11,9%) en Caraïben (3,6%). Het aandeel van de export in het BBP van subregio's: Caraïben (43,4%), Centraal-Amerika (34,6%), Zuid-Amerika (16,1%) en Noord-Amerika (14,3%). De uitvoer per hoofd van de bevolking in subregio's: Noord-Amerika ($7.894,7), Caraïben ($3.568,3), Centraal-Amerika ($2.906,9) en Zuid-Amerika ($1.582,8). De groei van de export in subregio's: Centraal-Amerika (6,2%), Noord-Amerika (3,7%), Zuid-Amerika (2,1%) en Caraïben (-0,44%).

Leiders. De waarde van de export in Amerika in de jaren 2010 bestond uit: Verenigde Staten (55,5%), Canada (13,0%), Mexico (10,0%), Brazilië (6,5%), Chili (2,0%), en andere (13,0%). Het aandeel van de export in BBP van de leiders: Mexico (34,4%), Chili (31,6%), Canada (31,1%), Verenigde Staten (12,6%) en Brazilië (12,2%). De waarde van de export per hoofd in Amerika onder de leiders: Canada ($14.847,1), Verenigde Staten ($7.104,2), Chili ($4.631,0), Mexico ($3.387,7) en Brazilië ($1.299,0). De groei van de export onder de leiders: Mexico (6,7%), Verenigde Staten (3,7%), Canada (3,4%), Brazilië (3,1%) en Chili (1,1%).

Hoofdstuk XI. Invoer

Invoer van goederen en diensten

De invoer van Amerika steeg van US$236,1 miljard per jaar in de jaren 1970 tot US$4,8 biljoen per jaar in de jaren 2010, dat wil zeggen met US$4,5 biljoen of 20,2 keer. De verandering vond plaats op US$3,1 biljoen als gevolg van een 2,8-voudige stijging van de prijzen, en ook op US$1,3 biljoen als gevolg van een 4,1-voudige toename van het tarief per hoofd , evenals op US$174,9 miljard als gevolg van de toename van de bevolking. De gemiddelde jaarlijkse groei van de invoer is 4,8%. De minimumwaarde van de invoer bedroeg US$101,1 miljard in 1970. De maximumwaarde van de invoer bedroeg US$5,1 biljoen in 2018.

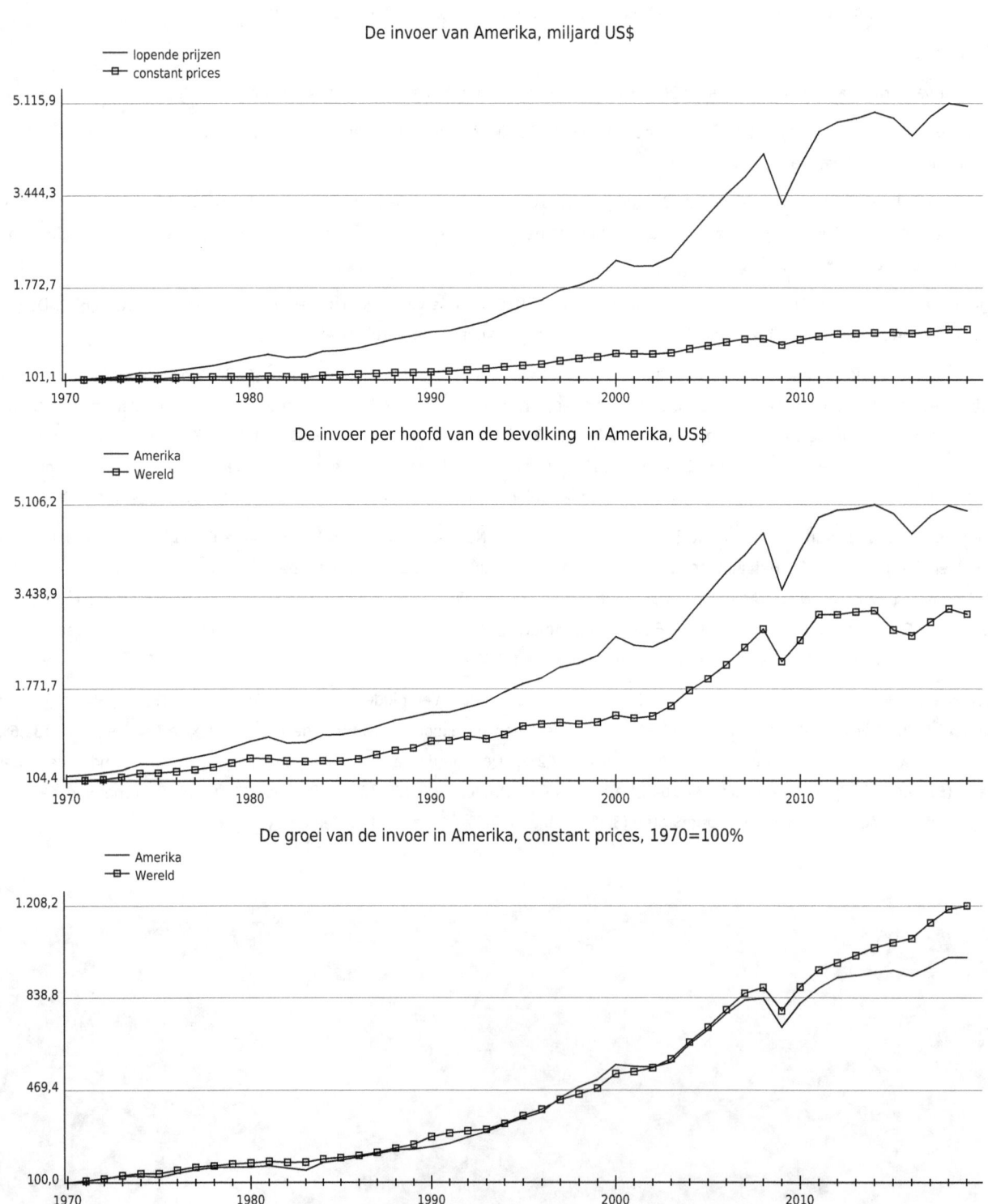

De invoer van Amerika, miljard US$

De invoer per hoofd van de bevolking in Amerika, US$

De groei van de invoer in Amerika, constant prices, 1970=100%

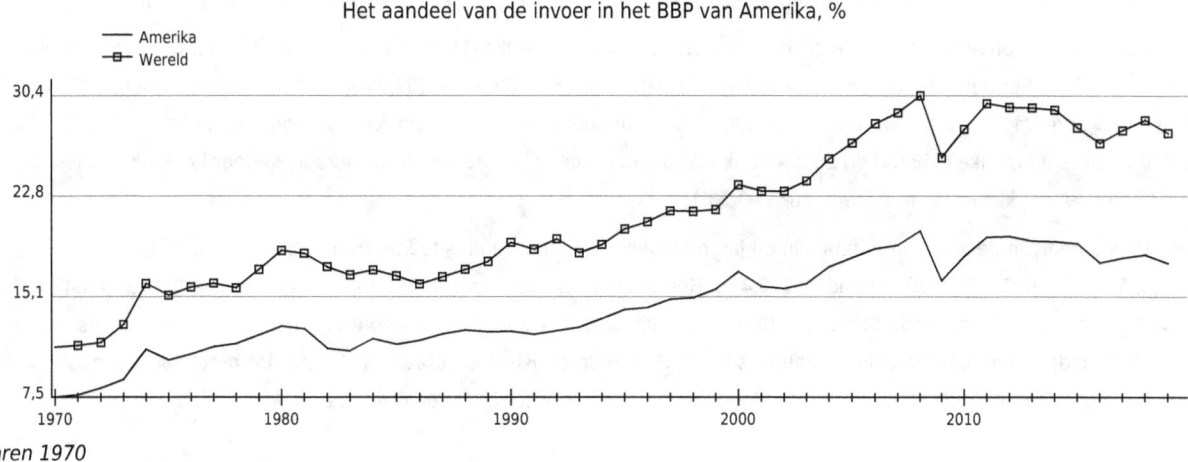

Het aandeel van de invoer in het BBP van Amerika, %

de jaren 1970

De waarde van de invoer in Amerika bedroeg in de jaren 1970 US$236,1 miljard per jaar. Het aandeel in de wereld was 23,9%.

Het aandeel van de invoer in het BBP van Amerika was 10,4% in de jaren 1970, en was vergelijkbaar met West-Afrika (10,5%).

De invoer per hoofd in Amerika was $421,7 in de jaren 1970s. De waarde van de invoer per hoofd in Amerika was 72,6% hoger dan de invoer per hoofd van de bevolking in de wereld ($244,3).

De groei van de invoer in Amerika bedroeg 5.4% in de jaren 1970, en was vergelijkbaar met Cuba (5,4%), Europa (5,4%). De groei van de invoer in Amerika (5,4%) was minder dan de groei van de invoer in de wereld (6,3%).

Vergelijking met regio's. De invoer van Amerika was groter dan in Azië (US$184,9 miljard), in Afrika (US$58,5 miljard) en in Oceanië (US$19,5 miljard); maar minder dan in Europa (US$487,7 miljard). De waarde van de invoer per hoofd in Amerika was groter dan in Afrika (US$142,6) en in Azië (US$79,6); maar minder dan in Oceanië (US$913,9) en in Europa (US$672,3). De groei van de invoer in Amerika was groter dan in Europa (5,4%) en in Oceanië (2,8%); maar minder dan in Azië (9,6%) en in Afrika (6,7%).

Subregio's. De waarde van de invoer in Amerika in de jaren 1970 bestond uit: Noord-Amerika (72,8%), Zuid-Amerika (13,5%), Caraïben (7,1%) en Centraal-Amerika (6,6%). Het aandeel van de invoer in het BBP van subregio's: Caraïben (50,5%), Centraal-Amerika (14,5%), Zuid-Amerika (13,0%) en Noord-Amerika (9,1%). De invoer per hoofd van de bevolking in subregio's: Noord-Amerika ($712,3), Caraïben ($635,7), Centraal-Amerika ($195,7) en Zuid-Amerika ($150,0). De groei van de invoer in subregio's: Centraal-Amerika (7,4%), Noord-Amerika (5,3%), Zuid-Amerika (5,2%) en Caraïben (4,7%).

Leiders. De waarde van de invoer in Amerika in de jaren 1970 bestond uit: Verenigde Staten (56,4%), Canada (16,2%), Mexico (4,3%), Brazilië (4,0%), Venezuela (3,4%), en andere (15,7%). Het aandeel van de invoer in BBP van de leiders: Venezuela (25,7%), Canada (22,9%), Mexico (10,7%), Brazilië (9,3%) en Verenigde Staten (7,8%). De invoer per hoofd in Amerika onder de leiders: Canada ($1.670,3), Venezuela ($611,9), Verenigde Staten ($610,4), Mexico ($171,5) en Brazilië ($89,8). De groei van de invoer onder de leiders: Brazilië (9,1%), Mexico (8,8%), Canada (6,4%), Verenigde Staten (5,1%) en Venezuela (3,8%).

de jaren 1980

De invoer van Amerika bedroeg in de jaren 1980 US$652,3 miljard per jaar, en was vergelijkbaar met West-Europa (US$651,2 miljard). Het aandeel in de wereld was 25,0%.

Het aandeel van de invoer in het BBP van Amerika was 12,1% in de jaren 1980.

De invoer per hoofd in Amerika was $984,9 in de jaren 1980s, en was vergelijkbaar met de FS van Micronesië (US$991,2), Libanon (US$993,5). De waarde van de invoer per hoofd in Amerika was 82,7% hoger dan de invoer per hoofd van de bevolking in de wereld ($539,1).

De groei van de invoer in Amerika bedroeg 3.8% in de jaren 1980, en was vergelijkbaar met Vietnam (3,8%). De groei van de invoer in Amerika (3,8%) was minder dan de groei van de invoer in de wereld (3,8%).

Vergelijking met regio's. De invoer van Amerika was groter dan in Azië (US$601,2 miljard), in Afrika (US$112,7 miljard) en in Oceanië (US$49,3 miljard); maar minder dan in Europa (US$1,2 biljoen). De waarde van de invoer per hoofd in Amerika was groter dan in Azië (US$211,9) en in Afrika (US$208,0); maar minder dan in Oceanië (US$1.987,8) en in Europa (US$1.550,8). De groei van de invoer in

Amerika was groter dan in Afrika (-3,1%); maar minder dan in Oceanië (5,7%), in Azië (4,9%) en in Europa (4,1%).

Subregio's. De invoer van Amerika in de jaren 1980 bestond uit: Noord-Amerika (78,7%), Zuid-Amerika (9,4%), Centraal-Amerika (6,0%) en Caraïben (5,9%). Het aandeel van de invoer in het BBP van subregio's: Caraïben (52,7%), Centraal-Amerika (16,0%), Zuid-Amerika (11,5%) en Noord-Amerika (11,3%). De invoer per hoofd van de bevolking in subregio's: Noord-Amerika ($1.935,3), Caraïben ($1.255,0), Centraal-Amerika ($387,4) en Zuid-Amerika ($230,5). De groei van de invoer in subregio's: Noord-Amerika (5,5%), Caraïben (2,9%), Centraal-Amerika (1,7%) en Zuid-Amerika (-1,5%).

Leiders. De waarde van de invoer in Amerika in de jaren 1980 bestond uit: Verenigde Staten (64,0%), Canada (14,6%), Mexico (4,4%), Brazilië (2,5%), Puerto Rico (2,2%), en andere (12,4%). Het aandeel van de invoer in BBP van de leiders: Puerto Rico (69,4%), Canada (24,6%), Mexico (13,2%), Verenigde Staten (10,0%) en Brazilië (7,0%). De invoer per hoofd in Amerika onder de leiders: Puerto Rico ($4.430,0), Canada ($3.696,1), Verenigde Staten ($1.742,4), Mexico ($381,1) en Brazilië ($120,5). De groei van de invoer onder de leiders: Verenigde Staten (5,8%), Canada (4,6%), Puerto Rico (4,0%), Mexico (2,7%) en Brazilië (-1,1%).

de jaren 1990

De waarde van de invoer in Amerika bedroeg in de jaren 1990 US$1,4 biljoen per jaar. Het aandeel in de wereld was 24,2%.

Het aandeel van de invoer in het BBP van Amerika was 14,0% in de jaren 1990.

De waarde van de invoer per hoofd in Amerika was $1.812,7 in de jaren 1990s, en was vergelijkbaar met de Marshalleilanden (US$1.808,2), Grenada (US$1.807,3), Trinidad en Tobago (US$1.843,3). De invoer per hoofd in Amerika was 78,5% hoger dan de invoer per hoofd van de bevolking in de wereld ($1.015,5).

De groei van de invoer in Amerika bedroeg 8.2% in de jaren 1990. De groei van de invoer in Amerika (8,2%) was groter dan de groei van de invoer in de wereld (6,6%).

Vergelijking met regio's. De invoer van Amerika was groter dan in Afrika (US$149,7 miljard) en in Oceanië (US$93,8 miljard); maar minder dan in Europa (US$2,7 biljoen) en in Azië (US$1,5 biljoen). De invoer per hoofd in Amerika was groter dan in Azië (US$430,1) en in Afrika (US$211,4); maar minder dan in Europa (US$3,7 duizend) en in Oceanië (US$3,2 duizend). De groei van de invoer in Amerika was groter dan in Azië (6,8%), in Oceanië (6,2%), in Europa (5,9%) en in Afrika (3,8%).

Subregio's. De waarde van de invoer in Amerika in de jaren 1990 bestond uit: Noord-Amerika (76,6%), Zuid-Amerika (11,0%), Centraal-Amerika (8,5%) en Caraïben (3,9%). Het aandeel van de invoer in het BBP van subregio's: Caraïben (46,6%), Centraal-Amerika (23,8%), Noord-Amerika (13,1%) en Zuid-Amerika (12,8%). De invoer per hoofd van de bevolking in subregio's: Noord-Amerika ($3.650,5), Caraïben ($1.542,2), Centraal-Amerika ($963,1) en Zuid-Amerika ($481,6). De groei van de invoer in subregio's: Centraal-Amerika (11,5%), Zuid-Amerika (9,1%), Noord-Amerika (8,0%) en Caraïben (3,0%).

Leiders. De waarde van de invoer in Amerika in de jaren 1990 bestond uit: Verenigde Staten (62,5%), Canada (14,0%), Mexico (6,8%), Brazilië (4,0%), Puerto Rico (1,9%), en andere (10,8%). Het aandeel van de invoer in BBP van de leiders: Puerto Rico (62,5%), Canada (31,7%), Mexico (21,2%), Verenigde Staten (11,5%) en Brazilië (9,2%). De waarde van de invoer per hoofd in Amerika onder de leiders: Puerto Rico ($7.551,3), Canada ($6.754,9), Verenigde Staten ($3.305,6), Mexico ($1.049,5) en Brazilië ($348,1). De groei van de invoer onder de leiders: Mexico (13,1%), Brazilië (10,8%), Verenigde Staten (8,3%), Canada (6,4%) en Puerto Rico (3,1%).

de jaren 2000

De invoer van Amerika bedroeg in de jaren 2000 US$2,9 biljoen per jaar. Het aandeel in de wereld was 23,9%.

Het aandeel van de invoer in het BBP van Amerika was 17,6% in de jaren 2000.

De waarde van de invoer per hoofd in Amerika was $3.354,4 in de jaren 2000s, en was vergelijkbaar met Grenada (US$3,4 duizend), Mauritius (US$3,4 duizend). De waarde van de invoer per hoofd in Amerika was 76,6% hoger dan de invoer per hoofd van de bevolking in de wereld ($1.899,9).

De groei van de invoer in Amerika bedroeg 3.5% in de jaren 2000, en was vergelijkbaar met Kosovo (3,5%). De groei van de invoer in Amerika (3,5%) was minder dan de groei van de invoer in de wereld (5,1%).

Vergelijking met regio's. De invoer van Amerika was groter dan in Afrika (US$334,8 miljard) en in Oceanië (US$194,7 miljard); maar minder dan in Europa (US$5,3 biljoen) en in Azië (US$3,6 biljoen). De invoer per hoofd in Amerika was groter dan in Azië (US$898,2) en in Afrika (US$369,3); maar minder dan in Europa (US$7,3 duizend) en in Oceanië (US$5,8 duizend). De groei van de invoer in

Amerika was minder dan in Azië (7,8%), in Afrika (7,6%), in Oceanië (6,6%) en in Europa (4,0%).

Subregio's. De invoer van Amerika in de jaren 2000 bestond uit: Noord-Amerika (76,4%), Zuid-Amerika (10,4%), Centraal-Amerika (9,8%) en Caraïben (3,4%). Het aandeel van de invoer in het BBP van subregio's: Caraïben (46,0%), Centraal-Amerika (30,0%), Zuid-Amerika (16,8%) en Noord-Amerika (16,4%). De invoer per hoofd van de bevolking in subregio's: Noord-Amerika ($6.901,4), Caraïben ($2.607,2), Centraal-Amerika ($1.994,5) en Zuid-Amerika ($832,1). De groei van de invoer in subregio's: Zuid-Amerika (7,1%), Centraal-Amerika (3,2%), Noord-Amerika (2,7%) en Caraïben (2,6%).

Leiders. De invoer van Amerika in de jaren 2000 bestond uit: Verenigde Staten (63,8%), Canada (12,4%), Mexico (8,1%), Brazilië (4,1%), Puerto Rico (1,7%), en andere (9,8%). Het aandeel van de invoer in BBP van de leiders: Puerto Rico (62,7%), Canada (33,2%), Mexico (27,6%), Verenigde Staten (14,9%) en Brazilië (12,5%). De waarde van de invoer per hoofd in Amerika onder de leiders: Puerto Rico ($14.012,5), Canada ($11.430,5), Verenigde Staten ($6.400,9), Mexico ($2.269,2) en Brazilië ($657,5). De groei van de invoer onder de leiders: Brazilië (5,8%), Mexico (3,2%), Puerto Rico (3,0%), Verenigde Staten (2,8%) en Canada (2,3%).

de jaren 2010

De waarde van de invoer in Amerika bedroeg in de jaren 2010 US$4,8 biljoen per jaar. Het aandeel in de wereld was 21,5%.

Het aandeel van de invoer in het BBP van Amerika was 18,7% in de jaren 2010, en was vergelijkbaar met Pakistan (18,7%).

De invoer per hoofd in Amerika was $4.884,3 in de jaren 2010s, en was vergelijkbaar met Bulgarije (US$4,9 duizend). De waarde van de invoer per hoofd in Amerika was 62,0% hoger dan de invoer per hoofd van de bevolking in de wereld ($3.015,6).

De groei van de invoer in Amerika bedroeg 3.3% in de jaren 2010, en was vergelijkbaar met Finland (3,3%). De groei van de invoer in Amerika (3,3%) was minder dan de groei van de invoer in de wereld (4,4%).

Vergelijking met regio's. De waarde van de invoer in Amerika was 6,9 keer groter dan in Afrika (US$691,8 miljard) en 12,7 keer groter dan in Oceanië (US$375,7 miljard); maar 42,6% minder dan in Europa (US$8,3 biljoen) en 40,5% minder dan in Azië (US$8,0 biljoen). De invoer per hoofd in Amerika was 2,7 keer groter dan in Azië (US$1.813,7) en 8,2 keer groter dan in Afrika (US$592,1); maar 2,3 keer minder dan in Europa (US$11,1 duizend) en 49,0% minder dan in Oceanië (US$9,6 duizend). De groei van de invoer in Amerika was groter dan in Afrika (2,0%); maar minder dan in Oceanië (5,7%), in Azië (5,4%) en in Europa (4,3%).

Subregio's. De waarde van de invoer in Amerika in de jaren 2010 bestond uit: Noord-Amerika (71,1%), Zuid-Amerika (15,2%), Centraal-Amerika (11,0%) en Caraïben (2,8%). Het aandeel van de invoer in het BBP van subregio's: Caraïben (38,7%), Centraal-Amerika (37,1%), Zuid-Amerika (17,9%) en Noord-Amerika (17,2%). De invoer per hoofd van de bevolking in subregio's: Noord-Amerika ($9.516,2), Caraïben ($3.184,6), Centraal-Amerika ($3.122,5) en Zuid-Amerika ($1.761,0). De groei van de invoer in subregio's: Centraal-Amerika (5,3%), Noord-Amerika (4,3%), Caraïben (1,6%) en Zuid-Amerika (-1,4%).

Leiders. De waarde van de invoer in Amerika in de jaren 2010 bestond uit: Verenigde Staten (59,2%), Canada (11,8%), Mexico (9,0%), Brazilië (6,0%), Venezuela (2,0%), en andere (12,1%). Het aandeel van de invoer in BBP van de leiders: Mexico (35,8%), Canada (32,9%), Venezuela (31,6%), Verenigde Staten (15,7%) en Brazilië (13,1%). De invoer per hoofd in Amerika onder de leiders: Canada ($15.688,8), Verenigde Staten ($8.817,8), Mexico ($3.524,3), Venezuela ($3.284,1) en Brazilië ($1.395,6). De groei van de invoer onder de leiders: Mexico (5,5%), Verenigde Staten (4,4%), Canada (3,6%), Brazilië (3,4%) en Venezuela (-16,8%).

Part IV. Verbruik

Hoofdstuk XII. Overheidsuitgaven

Consumptie-uitgaven van de overheid

De overheidsuitgaven van Amerika steeg van US$366,9 miljard per jaar in de jaren 1970 tot US$3,9 biljoen per jaar in de jaren 2010, dat wil zeggen met US$3,6 biljoen of 10,7 keer. De verandering vond plaats op US$3,2 biljoen als gevolg van een 5,3-voudige stijging van de prijzen, en ook op US$101,9 miljard als gevolg van een 1,2-voudige toename van het tarief per hoofd , evenals op US$271,8 miljard als gevolg van de toename van de bevolking. De gemiddelde jaarlijkse groei van de overheidsuitgaven is 1,7%. De minimumwaarde van de overheidsuitgaven bedroeg US$231,9 miljard in 1970. De maximumwaarde van de overheidsuitgaven bedroeg US$4,2 biljoen in 2019.

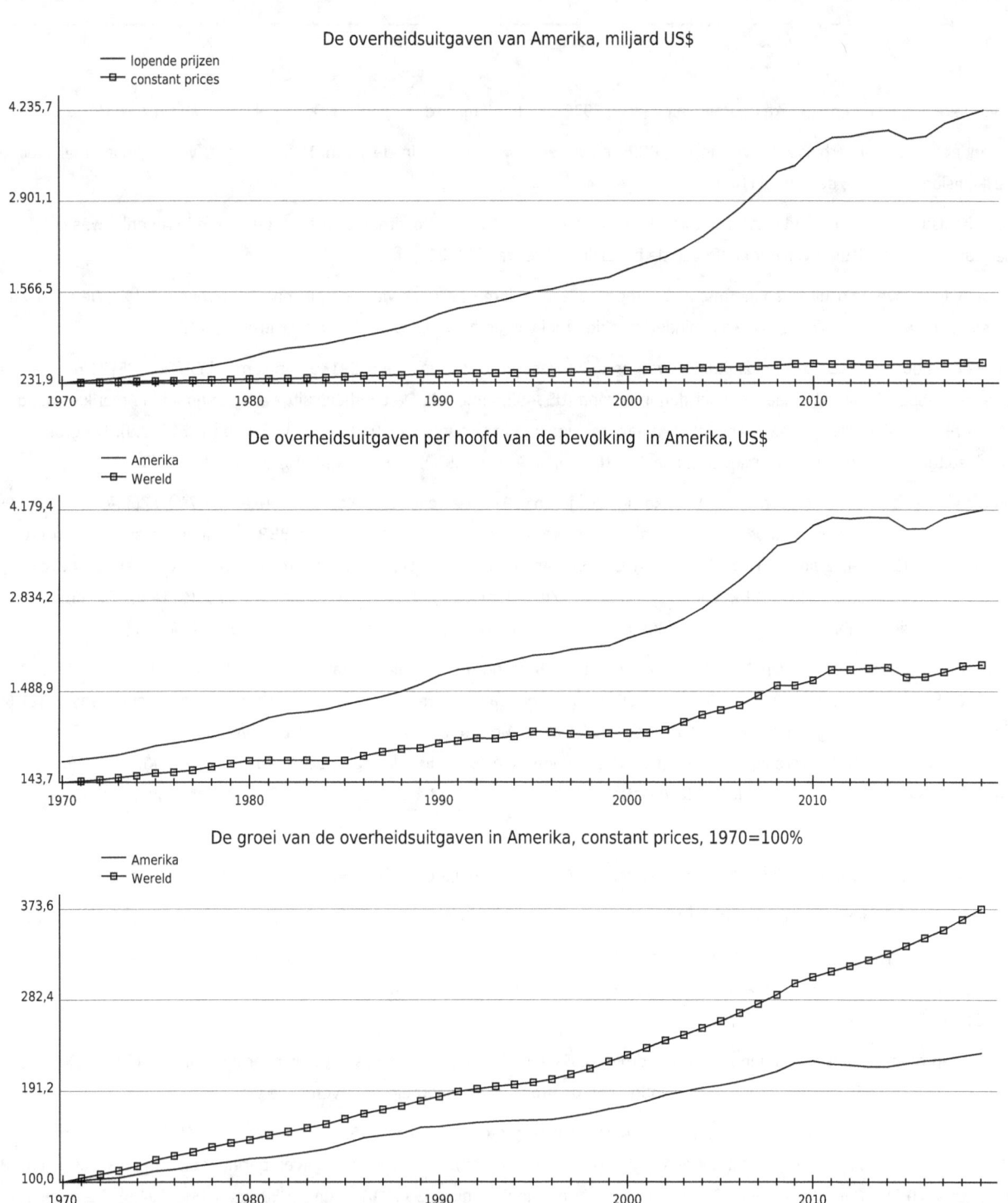

De overheidsuitgaven van Amerika, miljard US$

De overheidsuitgaven per hoofd van de bevolking in Amerika, US$

De groei van de overheidsuitgaven in Amerika, constant prices, 1970=100%

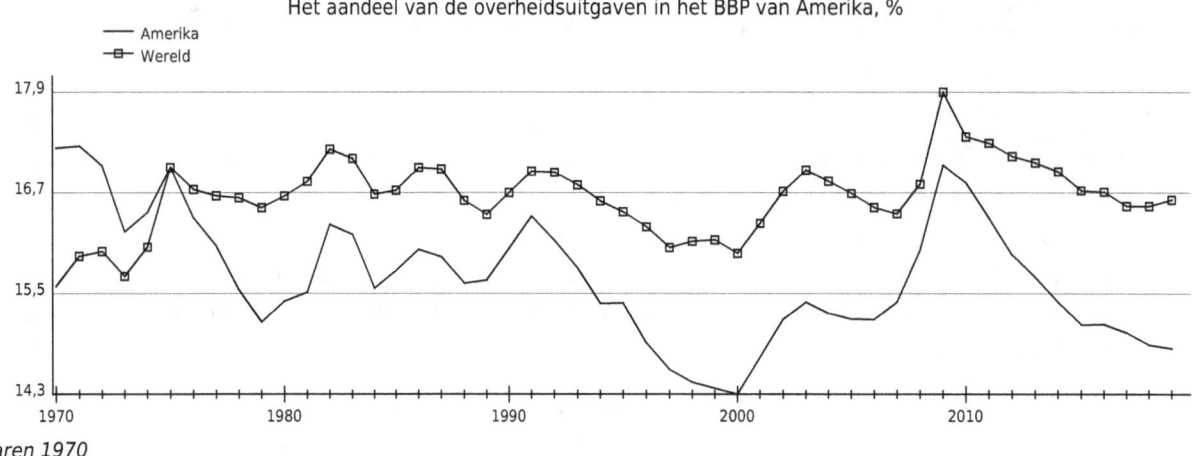

Het aandeel van de overheidsuitgaven in het BBP van Amerika, %

— Amerika
—□— Wereld

de jaren 1970

De overheidsuitgaven van Amerika bedroeg in de jaren 1970 US$366,9 miljard per jaar. Het aandeel in de wereld was 34,3%.

Het aandeel van de overheidsuitgaven in het BBP van Amerika was 16,2% in de jaren 1970, en was vergelijkbaar met Ivoorkust (16,2%), IJsland (16,2%), de Wereld (16,4%).

De overheidsuitgaven per hoofd in Amerika was $655,5 in de jaren 1970s. De overheidsuitgaven per hoofd in Amerika was in 2,5 keer hoger dan de overheidsuitgaven per hoofd van de bevolking in de wereld ($265,2).

De groei van de overheidsuitgaven in Amerika bedroeg 2.1% in de jaren 1970, en was vergelijkbaar met Tonga (2,1%). De groei van de overheidsuitgaven in Amerika (2,1%) was minder dan de groei van de overheidsuitgaven in de wereld (3,7%).

Vergelijking met regio's. De overheidsuitgaven van Amerika was groter dan in Azië (US$160,1 miljard), in Afrika (US$31,6 miljard) en in Oceanië (US$19,6 miljard); maar minder dan in Europa (US$492,5 miljard). De overheidsuitgaven per hoofd in Amerika was groter dan in Afrika (US$77,1) en in Azië (US$68,9); maar minder dan in Oceanië (US$920,9) en in Europa (US$678,9). De groei van de overheidsuitgaven in Amerika was minder dan in Azië (6,9%), in Afrika (4,9%), in Europa (4,5%) en in Oceanië (3,9%).

Subregio's. De overheidsuitgaven van Amerika in de jaren 1970 bestond uit: Noord-Amerika (87,7%), Zuid-Amerika (8,0%), Centraal-Amerika (2,5%) en Caraïben (1,8%). Het aandeel van de overheidsuitgaven in het BBP van subregio's: Caraïben (20,1%), Noord-Amerika (17,1%), Zuid-Amerika (11,9%) en Centraal-Amerika (8,5%). De overheidsuitgaven per hoofd van de bevolking in subregio's: Noord-Amerika ($1.334,8), Caraïben ($252,6), Zuid-Amerika ($137,3) en Centraal-Amerika ($114,6). De groei van de overheidsuitgaven in subregio's: Centraal-Amerika (8,4%), Zuid-Amerika (6,5%), Caraïben (5,2%) en Noord-Amerika (1,2%).

Leiders. De overheidsuitgaven van Amerika in de jaren 1970 bestond uit: Verenigde Staten (77,9%), Canada (9,8%), Brazilië (2,8%), Mexico (2,1%), Venezuela (1,8%), en andere (5,7%). Het aandeel van de overheidsuitgaven in BBP van de leiders: Canada (21,6%), Venezuela (20,8%), Verenigde Staten (16,7%), Brazilië (10,0%) en Mexico (8,1%). De overheidsuitgaven per hoofd in Amerika onder de leiders: Canada ($1.570,5), Verenigde Staten ($1.310,2), Venezuela ($495,6), Mexico ($129,7) en Brazilië ($96,7). De groei van de overheidsuitgaven onder de leiders: Mexico (8,7%), Brazilië (8,5%), Canada (3,4%), Venezuela (3,3%) en Verenigde Staten (0,94%).

de jaren 1980

De overheidsuitgaven van Amerika bedroeg in de jaren 1980 US$852,4 miljard per jaar. Het aandeel in de wereld was 33,7%.

Het aandeel van de overheidsuitgaven in het BBP van Amerika was 15,8% in de jaren 1980, en was vergelijkbaar met Maleisië (15,7%).

De overheidsuitgaven per hoofd in Amerika was $1.287,2 in de jaren 1980s, en was vergelijkbaar met Gabon (US$1.275,2). De overheidsuitgaven per hoofd in Amerika was in 2,5 keer hoger dan de overheidsuitgaven per hoofd van de bevolking in de wereld ($523,5).

De groei van de overheidsuitgaven in Amerika bedroeg 2.5% in de jaren 1980, en was vergelijkbaar met Albanië (2,5%). De groei van de overheidsuitgaven in Amerika (2,5%) was minder dan de groei van de overheidsuitgaven in de wereld (2,7%).

Vergelijking met regio's. De overheidsuitgaven van Amerika was groter dan in Azië (US$482,6 miljard), in Afrika (US$69,5 miljard) en in Oceanië (US$47,4 miljard); maar minder dan in Europa (US$1,1 biljoen). De overheidsuitgaven per hoofd in Amerika was groter dan in Azië (US$170,1) en in Afrika (US$128,3); maar minder dan in Oceanië (US$1.914,7) en in Europa (US$1.404,9). De groei van de overheidsuitgaven in Amerika was groter dan in Europa (2,3%) en in Afrika (1,8%); maar minder dan in Azië (4,2%) en in Oceanië (3,4%).

Subregio's. De overheidsuitgaven van Amerika in de jaren 1980 bestond uit: Noord-Amerika (87,9%), Zuid-Amerika (7,8%), Centraal-Amerika (2,6%) en Caraïben (1,7%). Het aandeel van de overheidsuitgaven in het BBP van subregio's: Caraïben (19,5%), Noord-Amerika (16,4%), Zuid-Amerika (12,5%) en Centraal-Amerika (8,9%). De overheidsuitgaven per hoofd van de bevolking in subregio's: Noord-Amerika ($2.826,1), Caraïben ($464,4), Zuid-Amerika ($251,5) en Centraal-Amerika ($215,8). De groei van de overheidsuitgaven in subregio's: Caraïben (3,6%), Centraal-Amerika (3,1%), Noord-Amerika (2,6%) en Zuid-Amerika (2,1%).

Leiders. De overheidsuitgaven van Amerika in de jaren 1980 bestond uit: Verenigde Staten (78,0%), Canada (9,8%), Brazilië (3,0%), Mexico (2,1%), Venezuela (1,6%), en andere (5,4%). Het aandeel van de overheidsuitgaven in BBP van de leiders: Canada (21,8%), Venezuela (21,3%), Verenigde Staten (15,9%), Brazilië (11,2%) en Mexico (8,2%). De overheidsuitgaven per hoofd in Amerika onder de leiders: Canada ($3.268,5), Verenigde Staten ($2.778,2), Venezuela ($782,0), Mexico ($235,2) en Brazilië ($193,5). De groei van de overheidsuitgaven onder de leiders: Mexico (3,3%), Brazilië (3,2%), Verenigde Staten (2,6%), Canada (2,1%) en Venezuela (2,1%).

de jaren 1990

De overheidsuitgaven van Amerika bedroeg in de jaren 1990 US$1,5 biljoen per jaar. Het aandeel in de wereld was 32,4%.

Het aandeel van de overheidsuitgaven in het BBP van Amerika was 15,2% in de jaren 1990, en was vergelijkbaar met Noord-Afrika (15,1%), San Marino (15,1%), Afrika (15,1%).

De overheidsuitgaven per hoofd in Amerika was $1.972,7 in de jaren 1990s, en was vergelijkbaar met de Bahama's (US$1.970,4), de Cookeilanden (US$1.930,8). De overheidsuitgaven per hoofd in Amerika was in 2,4 keer hoger dan de overheidsuitgaven per hoofd van de bevolking in de wereld ($824,8).

De groei van de overheidsuitgaven in Amerika bedroeg 1.1% in de jaren 1990. De groei van de overheidsuitgaven in Amerika (1,1%) was minder dan de groei van de overheidsuitgaven in de wereld (2,0%).

Vergelijking met regio's. De overheidsuitgaven van Amerika was groter dan in Azië (US$1,1 biljoen), in Afrika (US$89,3 miljard) en in Oceanië (US$81,4 miljard); maar minder dan in Europa (US$1,9 biljoen). De overheidsuitgaven per hoofd in Amerika was groter dan in Azië (US$318,7) en in Afrika (US$126,1); maar minder dan in Oceanië (US$2,8 duizend) en in Europa (US$2,6 duizend). De groei van de overheidsuitgaven in Amerika was minder dan in Azië (5,0%), in Oceanië (2,8%), in Afrika (1,6%) en in Europa (1,3%).

Subregio's. De overheidsuitgaven van Amerika in de jaren 1990 bestond uit: Noord-Amerika (83,4%), Zuid-Amerika (12,4%), Centraal-Amerika (2,9%) en Caraïben (1,2%). Het aandeel van de overheidsuitgaven in het BBP van subregio's: Caraïben (16,0%), Zuid-Amerika (15,7%), Noord-Amerika (15,5%) en Centraal-Amerika (8,9%). De overheidsuitgaven per hoofd van de bevolking in subregio's: Noord-Amerika ($4.323,8), Zuid-Amerika ($593,0), Caraïben ($528,5) en Centraal-Amerika ($360,9). De groei van de overheidsuitgaven in subregio's: Centraal-Amerika (2,3%), Caraïben (1,2%), Noord-Amerika (1,2%) en Zuid-Amerika (0,33%).

Leiders. De overheidsuitgaven van Amerika in de jaren 1990 bestond uit: Verenigde Staten (74,5%), Canada (8,8%), Brazilië (7,7%), Mexico (2,6%), Argentinië (2,2%), en andere (4,2%). Het aandeel van de overheidsuitgaven in BBP van de leiders: Canada (21,8%), Brazilië (19,3%), Verenigde Staten (15,0%), Argentinië (12,5%) en Mexico (8,6%). De overheidsuitgaven per hoofd in Amerika onder de leiders: Canada ($4.645,6), Verenigde Staten ($4.287,3), Argentinië ($962,8), Brazilië ($733,0) en Mexico ($428,4). De groei van de overheidsuitgaven onder de leiders: Mexico (2,4%), Verenigde Staten (1,3%), Canada (0,56%), Brazilië (-0,22%) en Argentinië (-0,58%).

de jaren 2000

De overheidsuitgaven van Amerika bedroeg in de jaren 2000 US$2,6 biljoen per jaar. Het aandeel in de wereld was 33,0%.

Het aandeel van de overheidsuitgaven in het BBP van Amerika was 15,4% in de jaren 2000, en was vergelijkbaar met Libië (15,4%), de Verenigde Staten (15,3%).

De overheidsuitgaven per hoofd in Amerika was $2.931,6 in de jaren 2000s, en was vergelijkbaar met Malta (US$2,9 duizend), de Cookeilanden (US$2,9 duizend), Saoedi-Arabië (US$2,9 duizend). De overheidsuitgaven per hoofd in Amerika was in 2,4 keer hoger dan de overheidsuitgaven per hoofd van de bevolking in de wereld ($1.200,9).

De groei van de overheidsuitgaven in Amerika bedroeg 2.4% in de jaren 2000, en was vergelijkbaar met Madagaskar (2,4%). De groei van de overheidsuitgaven in Amerika (2,4%) was minder dan de groei van de overheidsuitgaven in de wereld (3,1%).

Vergelijking met regio's. De overheidsuitgaven van Amerika was groter dan in Azië (US$1,9 biljoen), in Afrika (US$149,4 miljard) en in Oceanië (US$148,1 miljard); maar minder dan in Europa (US$3,0 biljoen). De overheidsuitgaven per hoofd in Amerika was groter dan in Azië (US$477,4) en in Afrika (US$164,8); maar minder dan in Oceanië (US$4,4 duizend) en in Europa (US$4,2 duizend). De groei van de overheidsuitgaven in Amerika was groter dan in Europa (2,1%); maar minder dan in Azië (5,3%), in Afrika (5,0%) en in Oceanië (3,1%).

Subregio's. De overheidsuitgaven van Amerika in de jaren 2000 bestond uit: Noord-Amerika (83,2%), Zuid-Amerika (11,4%), Centraal-Amerika (4,0%) en Caraïben (1,4%). Het aandeel van de overheidsuitgaven in het BBP van subregio's: Caraïben (16,2%), Zuid-Amerika (16,0%), Noord-Amerika (15,6%) en Centraal-Amerika (10,8%). De overheidsuitgaven per hoofd van de bevolking in subregio's: Noord-Amerika ($6.574,0), Caraïben ($917,3), Zuid-Amerika ($793,8) en Centraal-Amerika ($716,9). De groei van de overheidsuitgaven in subregio's: Caraïben (3,9%), Zuid-Amerika (3,2%), Noord-Amerika (2,3%) en Centraal-Amerika (1,6%).

Leiders. De overheidsuitgaven van Amerika in de jaren 2000 bestond uit: Verenigde Staten (74,7%), Canada (8,5%), Brazilië (7,2%), Mexico (3,5%), Argentinië (1,3%), en andere (4,8%). Het aandeel van de overheidsuitgaven in BBP van de leiders: Canada (19,7%), Brazilië (19,1%), Verenigde Staten (15,3%), Argentinië (13,3%) en Mexico (10,5%). De overheidsuitgaven per hoofd in Amerika onder de leiders: Canada ($6.808,0), Verenigde Staten ($6.545,9), Brazilië ($1.003,2), Mexico ($866,7) en Argentinië ($842,9). De groei van de overheidsuitgaven onder de leiders: Argentinië (2,9%), Brazilië (2,8%), Canada (2,6%), Verenigde Staten (2,2%) en Mexico (1,2%).

de jaren 2010

De overheidsuitgaven van Amerika bedroeg in de jaren 2010 US$3,9 biljoen per jaar. Het aandeel in de wereld was 30,0%.

Het aandeel van de overheidsuitgaven in het BBP van Amerika was 15,4% in de jaren 2010, en was vergelijkbaar met Zuid-Korea (15,3%), Moldavië (15,3%), Noord-Amerika (15,3%).

De overheidsuitgaven per hoofd in Amerika was $4.034,3 in de jaren 2010s, en was vergelijkbaar met Hongkong (US$4,0 duizend), Tsjechië (US$4,0 duizend), Portugal (US$4,0 duizend). De overheidsuitgaven per hoofd in Amerika was in 2,3 keer hoger dan de overheidsuitgaven per hoofd van de bevolking in de wereld ($1.785,1).

De groei van de overheidsuitgaven in Amerika bedroeg 0.4% in de jaren 2010. De groei van de overheidsuitgaven in Amerika (0,45%) was minder dan de groei van de overheidsuitgaven in de wereld (2,3%).

Vergelijking met regio's. De overheidsuitgaven van Amerika was 12,0 keer groter dan in Afrika (US$328,3 miljard) en 12,7 keer groter dan in Oceanië (US$308,7 miljard); maar 8,1% minder dan in Azië (US$4,3 biljoen) en 7,4% minder dan in Europa (US$4,2 biljoen). De overheidsuitgaven per hoofd in Amerika was 4,2 keer groter dan in Azië (US$970,7) en 14,4 keer groter dan in Afrika (US$281,0); maar 48,7% minder dan in Oceanië (US$7,9 duizend) en 29,3% minder dan in Europa (US$5,7 duizend). De groei van de overheidsuitgaven in Amerika was minder dan in Azië (5,2%), in Oceanië (3,3%), in Afrika (3,0%) en in Europa (0,99%).

Subregio's. De overheidsuitgaven van Amerika in de jaren 2010 bestond uit: Noord-Amerika (76,6%), Zuid-Amerika (17,6%), Centraal-Amerika (4,4%) en Caraïben (1,4%). Het aandeel van de overheidsuitgaven in het BBP van subregio's: Zuid-Amerika (17,2%), Caraïben (16,1%), Noord-Amerika (15,3%) en Centraal-Amerika (12,2%). De overheidsuitgaven per hoofd van de bevolking in subregio's: Noord-Amerika ($8.476,9), Zuid-Amerika ($1.687,7), Caraïben ($1.326,5) en Centraal-Amerika ($1.024,7). De groei van de overheidsuitgaven in subregio's: Centraal-Amerika (2,1%), Zuid-Amerika (1,5%), Caraïben (0,68%) en Noord-Amerika (0,15%).

Leiders. De overheidsuitgaven van Amerika in de jaren 2010 bestond uit: Verenigde Staten (67,5%), Brazilië (10,7%), Canada (9,1%), Mexico (3,6%), Argentinië (2,4%), en andere (6,8%). Het aandeel van de overheidsuitgaven in BBP van de leiders: Canada (20,9%), Brazilië (19,4%), Argentinië (16,7%), Verenigde Staten (14,8%) en Mexico (11,9%). De overheidsuitgaven per hoofd in Amerika onder de leiders: Canada ($9.981,3), Verenigde Staten ($8.304,9), Argentinië ($2.158,3), Brazilië ($2.061,0) en Mexico ($1.173,5). De groei van de overheidsuitgaven onder de leiders: Argentinië (2,5%), Mexico (1,9%), Canada (1,4%), Brazilië (0,86%) en Verenigde Staten (0,0052%).

Hoofdstuk XIII. Huishoudelijke uitgaven

Consumptieve bestedingen van de huishoudens

De huishoudelijke uitgaven van Amerika steeg van US$1,4 biljoen per jaar in de jaren 1970 tot US$16,9 biljoen per jaar in de jaren 2010, dat wil zeggen met US$15,6 biljoen of 12,3 keer. De verandering vond plaats op US$12,5 biljoen als gevolg van een 3,8-voudige stijging van de prijzen, en ook op US$2,0 biljoen als gevolg van 1,9-voudige toename van het tarief per hoofd , evenals op US$1,0 biljoen als gevolg van de toename van de bevolking. De gemiddelde jaarlijkse groei van de huishoudelijke uitgaven is 3,0%. De minimumwaarde van de huishoudelijke uitgaven bedroeg US$823,1 miljard in 1970. De maximumwaarde van de huishoudelijke uitgaven bedroeg US$19,2 biljoen in 2019.

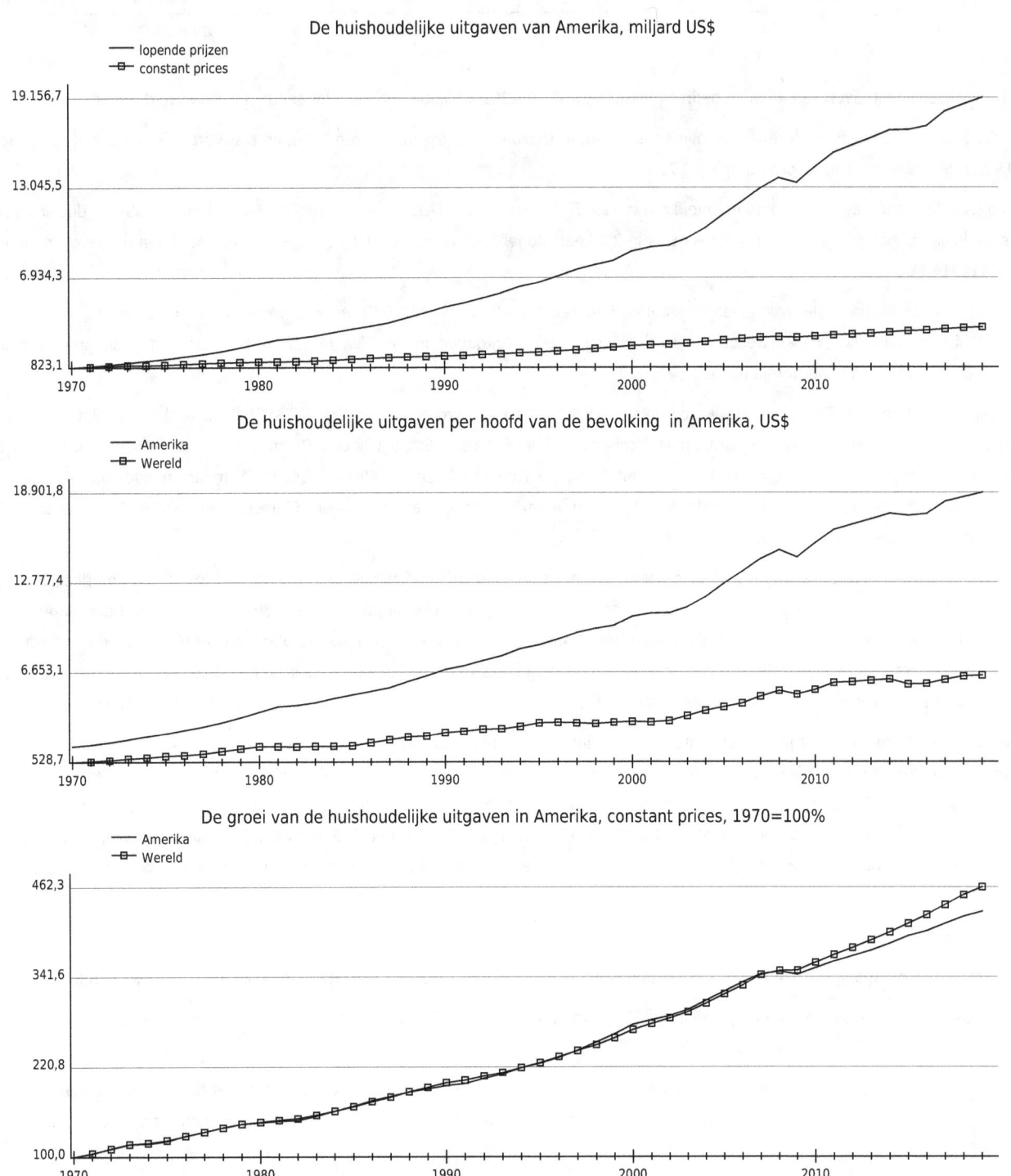

De huishoudelijke uitgaven van Amerika, miljard US$

De huishoudelijke uitgaven per hoofd van de bevolking in Amerika, US$

De groei van de huishoudelijke uitgaven in Amerika, constant prices, 1970=100%

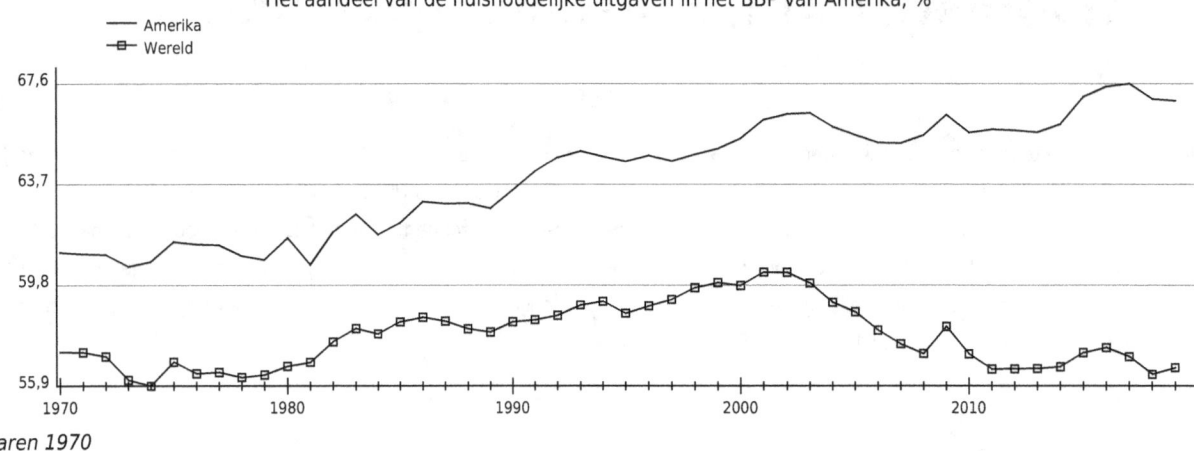

Het aandeel van de huishoudelijke uitgaven in het BBP van Amerika, %

de jaren 1970

De huishoudelijke uitgaven van Amerika bedroeg in de jaren 1970 US$1,4 biljoen per jaar. Het aandeel in de wereld was 37,4%.

Het aandeel van de huishoudelijke uitgaven in het BBP van Amerika was 61,0% in de jaren 1970, en was vergelijkbaar met de Filipijnen (60,9%), Polynesië (61,2%), Noord-Europa (60,7%).

De huishoudelijke uitgaven per hoofd in Amerika was $2.467,5 in de jaren 1970s, en was vergelijkbaar met Japan (US$2,5 duizend). De huishoudelijke uitgaven per hoofd in Amerika was in 2,7 keer hoger dan de huishoudelijke uitgaven per hoofd van de bevolking in de wereld ($914,8).

De groei van de huishoudelijke uitgaven in Amerika bedroeg 4.1% in de jaren 1970, en was vergelijkbaar met Panama (4,1%), de Wereld (4,1%), Marokko (4,1%). De groei van de huishoudelijke uitgaven in Amerika (4,1%) was groter dan de groei van de huishoudelijke uitgaven in de wereld (4,1%).

Vergelijking met regio's. De huishoudelijke uitgaven van Amerika was groter dan in Azië (US$655,8 miljard), in Afrika (US$111,2 miljard) en in Oceanië (US$64,8 miljard); maar minder dan in Europa (US$1,5 biljoen). De huishoudelijke uitgaven per hoofd in Amerika was groter dan in Europa (US$2,0 duizend), in Azië (US$282,4) en in Afrika (US$271,0); maar minder dan in Oceanië (US$3,0 duizend). De groei van de huishoudelijke uitgaven in Amerika was groter dan in Afrika (4,1%), in Europa (3,7%) en in Oceanië (3,1%); maar minder dan in Azië (5,2%).

Subregio's. De huishoudelijke uitgaven van Amerika in de jaren 1970 bestond uit: Noord-Amerika (81,5%), Zuid-Amerika (11,4%), Centraal-Amerika (5,5%) en Caraïben (1,6%). Het aandeel van de huishoudelijke uitgaven in het BBP van subregio's: Centraal-Amerika (70,6%), Caraïben (64,5%), Zuid-Amerika (64,3%) en Noord-Amerika (60,0%). De huishoudelijke uitgaven per hoofd van de bevolking in subregio's: Noord-Amerika ($4.669,5), Centraal-Amerika ($955,0), Caraïben ($811,8) en Zuid-Amerika ($742,2). De groei van de huishoudelijke uitgaven in subregio's: Zuid-Amerika (6,0%), Centraal-Amerika (5,6%), Caraïben (4,6%) en Noord-Amerika (3,7%).

Leiders. De huishoudelijke uitgaven van Amerika in de jaren 1970 bestond uit: Verenigde Staten (75,0%), Canada (6,5%), Brazilië (5,1%), Mexico (4,8%), Argentinië (2,4%), en andere (6,2%). Het aandeel van de huishoudelijke uitgaven in BBP van de leiders: Mexico (70,2%), Brazilië (69,1%), Argentinië (63,7%), Verenigde Staten (60,5%) en Canada (54,2%). De huishoudelijke uitgaven per hoofd in Amerika onder de leiders: Verenigde Staten ($4.744,5), Canada ($3.950,2), Argentinië ($1.267,5), Mexico ($1.128,9) en Brazilië ($669,4). De groei van de huishoudelijke uitgaven onder de leiders: Brazilië (8,5%), Mexico (5,9%), Canada (4,6%), Verenigde Staten (3,6%) en Argentinië (2,5%).

de jaren 1980

De huishoudelijke uitgaven van Amerika bedroeg in de jaren 1980 US$3,4 biljoen per jaar. Het aandeel in de wereld was 38,6%.

Het aandeel van de huishoudelijke uitgaven in het BBP van Amerika was 62,3% in de jaren 1980, en was vergelijkbaar met Mauritius (62,3%), Ecuador (62,3%), Griekenland (62,3%).

De huishoudelijke uitgaven per hoofd in Amerika was $5.090,2 in de jaren 1980s, en was vergelijkbaar met Nauru (US$5,1 duizend). De huishoudelijke uitgaven per hoofd in Amerika was in 2,8 keer hoger dan de huishoudelijke uitgaven per hoofd van de bevolking in de wereld ($1.808,0).

De groei van de huishoudelijke uitgaven in Amerika bedroeg 2.9% in de jaren 1980, en was vergelijkbaar met Palestina (2,9%), de Filipijnen (2,9%), Brunei (2,9%). De groei van de huishoudelijke uitgaven in Amerika (2,9%) was minder dan de groei van de huishoudelijke uitgaven in de wereld (3,0%).

Vergelijking met regio's. De huishoudelijke uitgaven van Amerika was groter dan in Europa (US$3,1 biljoen), in Azië (US$1,9 biljoen), in Afrika (US$269,7 miljard) en in Oceanië (US$144,8 miljard). De huishoudelijke uitgaven per hoofd in Amerika was groter dan in Europa (US$4,0 duizend), in Azië (US$666,0) en in Afrika (US$497,8); maar minder dan in Oceanië (US$5,8 duizend). De groei van de huishoudelijke uitgaven in Amerika was groter dan in Europa (2,3%) en in Afrika (2,3%); maar minder dan in Azië (4,7%) en in Oceanië (3,1%).

Subregio's. De huishoudelijke uitgaven van Amerika in de jaren 1980 bestond uit: Noord-Amerika (83,7%), Zuid-Amerika (10,2%), Centraal-Amerika (4,7%) en Caraïben (1,4%). Het aandeel van de huishoudelijke uitgaven in het BBP van subregio's: Centraal-Amerika (65,2%), Zuid-Amerika (64,6%), Caraïben (63,7%) en Noord-Amerika (61,9%). De huishoudelijke uitgaven per hoofd van de bevolking in subregio's: Noord-Amerika ($10.636,8), Centraal-Amerika ($1.577,4), Caraïben ($1.517,8) en Zuid-Amerika ($1.294,7). De groei van de huishoudelijke uitgaven in subregio's: Noord-Amerika (3,2%), Caraïben (2,6%), Centraal-Amerika (1,8%) en Zuid-Amerika (1,6%).

Leiders. De huishoudelijke uitgaven van Amerika in de jaren 1980 bestond uit: Verenigde Staten (77,5%), Canada (6,2%), Brazilië (4,5%), Mexico (4,1%), Argentinië (2,0%), en andere (5,7%). Het aandeel van de huishoudelijke uitgaven in BBP van de leiders: Argentinië (67,8%), Brazilië (65,5%), Mexico (64,3%), Verenigde Staten (62,6%) en Canada (54,3%). De huishoudelijke uitgaven per hoofd in Amerika onder de leiders: Verenigde Staten ($10.904,4), Canada ($8.138,4), Argentinië ($2.250,0), Mexico ($1.852,2) en Brazilië ($1.135,3). De groei van de huishoudelijke uitgaven onder de leiders: Verenigde Staten (3,2%), Canada (2,6%), Brazilië (1,9%), Mexico (1,9%) en Argentinië (-0,19%).

de jaren 1990

De huishoudelijke uitgaven van Amerika bedroeg in de jaren 1990 US$6,5 biljoen per jaar. Het aandeel in de wereld was 38,3%.

Het aandeel van de huishoudelijke uitgaven in het BBP van Amerika was 64,6% in de jaren 1990, en was vergelijkbaar met de Verenigde Staten (64,7%), Turkije (64,7%), Noord-Afrika (64,7%).

De huishoudelijke uitgaven per hoofd in Amerika was $8.394,4 in de jaren 1990s. De huishoudelijke uitgaven per hoofd in Amerika was in 2,8 keer hoger dan de huishoudelijke uitgaven per hoofd van de bevolking in de wereld ($2.963,9).

De groei van de huishoudelijke uitgaven in Amerika bedroeg 3.3% in de jaren 1990, en was vergelijkbaar met Australië (3,3%), de Nederland (3,3%), de Verenigde Staten (3,4%). De groei van de huishoudelijke uitgaven in Amerika (3,3%) was groter dan de groei van de huishoudelijke uitgaven in de wereld (3,0%).

Vergelijking met regio's. De huishoudelijke uitgaven van Amerika was groter dan in Europa (US$5,6 biljoen), in Azië (US$4,2 biljoen), in Afrika (US$377,3 miljard) en in Oceanië (US$258,1 miljard). De huishoudelijke uitgaven per hoofd in Amerika was groter dan in Europa (US$7,7 duizend), in Azië (US$1.208,2) en in Afrika (US$532,7); maar minder dan in Oceanië (US$8,9 duizend). De groei van de huishoudelijke uitgaven in Amerika was groter dan in Oceanië (3,2%), in Afrika (2,6%) en in Europa (1,8%); maar minder dan in Azië (4,4%).

Subregio's. De huishoudelijke uitgaven van Amerika in de jaren 1990 bestond uit: Noord-Amerika (81,2%), Zuid-Amerika (12,3%), Centraal-Amerika (5,4%) en Caraïben (1,1%). Het aandeel van de huishoudelijke uitgaven in het BBP van subregio's: Centraal-Amerika (69,8%), Zuid-Amerika (66,3%), Caraïben (64,1%) en Noord-Amerika (64,1%). De huishoudelijke uitgaven per hoofd van de bevolking in subregio's: Noord-Amerika ($17.900,7), Centraal-Amerika ($2.826,8), Zuid-Amerika ($2.496,2) en Caraïben ($2.124,2). De groei van de huishoudelijke uitgaven in subregio's: Zuid-Amerika (3,6%), Centraal-Amerika (3,4%), Noord-Amerika (3,3%) en Caraïben (2,3%).

Leiders. De huishoudelijke uitgaven van Amerika in de jaren 1990 bestond uit: Verenigde Staten (75,7%), Brazilië (6,0%), Canada (5,4%), Mexico (4,8%), Argentinië (2,9%), en andere (5,1%). Het aandeel van de huishoudelijke uitgaven in BBP van de leiders: Argentinië (71,5%), Mexico (69,3%), Verenigde Staten (64,7%), Brazilië (63,6%) en Canada (56,7%). De huishoudelijke uitgaven per hoofd in Amerika onder de leiders: Verenigde Staten ($18.538,8), Canada ($12.075,2), Argentinië ($5.510,9), Mexico ($3.435,3) en Brazilië ($2.410,7). De groei van de huishoudelijke uitgaven onder de leiders: Argentinië (6,0%), Brazilië (3,7%), Verenigde Staten (3,4%), Mexico (3,3%) en Canada (2,3%).

de jaren 2000

De huishoudelijke uitgaven van Amerika bedroeg in de jaren 2000 US$11,0 biljoen per jaar. Het aandeel in de wereld was 40,2%.

Het aandeel van de huishoudelijke uitgaven in het BBP van Amerika was 65,8% in de jaren 2000, en was vergelijkbaar met Griekenland (65,9%), Curaçao (66,1%), Noord-Amerika (66,2%).

De huishoudelijke uitgaven per hoofd in Amerika was $12.522,4 in de jaren 2000s, en was vergelijkbaar met Singapore (US$12,5 duizend), Curaçao (US$12,6 duizend), Puerto Rico (US$12,6 duizend). De huishoudelijke uitgaven per hoofd in Amerika was in 3,0 keer hoger dan de huishoudelijke uitgaven per hoofd van de bevolking in de wereld ($4.208,2).

De groei van de huishoudelijke uitgaven in Amerika bedroeg 2.7% in de jaren 2000, en was vergelijkbaar met Fiji (2,7%). De groei van de huishoudelijke uitgaven in Amerika (2,7%) was minder dan de groei van de huishoudelijke uitgaven in de wereld (3,0%).

Vergelijking met regio's. De huishoudelijke uitgaven van Amerika was groter dan in Europa (US$8,7 biljoen), in Azië (US$6,5 biljoen), in Afrika (US$667,1 miljard) en in Oceanië (US$474,7 miljard). De huishoudelijke uitgaven per hoofd in Amerika was groter dan in Europa (US$11,9 duizend), in Azië (US$1.649,6) en in Afrika (US$735,9); maar minder dan in Oceanië (US$14,3 duizend). De groei van de huishoudelijke uitgaven in Amerika was groter dan in Europa (2,0%); maar minder dan in Afrika (6,0%), in Azië (4,4%) en in Oceanië (3,6%).

Subregio's. De huishoudelijke uitgaven van Amerika in de jaren 2000 bestond uit: Noord-Amerika (82,5%), Zuid-Amerika (10,3%), Centraal-Amerika (6,1%) en Caraïben (1,2%). Het aandeel van de huishoudelijke uitgaven in het BBP van subregio's: Centraal-Amerika (69,1%), Noord-Amerika (66,2%), Zuid-Amerika (61,8%) en Caraïben (60,1%). De huishoudelijke uitgaven per hoofd van de bevolking in subregio's: Noord-Amerika ($27.835,9), Centraal-Amerika ($4.590,6), Caraïben ($3.403,4) en Zuid-Amerika ($3.059,8). De groei van de huishoudelijke uitgaven in subregio's: Zuid-Amerika (3,9%), Caraïben (2,7%), Noord-Amerika (2,5%) en Centraal-Amerika (2,4%).

Leiders. De huishoudelijke uitgaven van Amerika in de jaren 2000 bestond uit: Verenigde Staten (76,9%), Canada (5,5%), Brazilië (5,4%), Mexico (5,4%), Argentinië (1,4%), en andere (5,3%). Het aandeel van de huishoudelijke uitgaven in BBP van de leiders: Mexico (68,3%), Verenigde Staten (67,2%), Argentinië (65,1%), Brazilië (61,0%) en Canada (55,1%). De huishoudelijke uitgaven per hoofd in Amerika onder de leiders: Verenigde Staten ($28.799,1), Canada ($19.009,8), Mexico ($5.613,8), Argentinië ($4.111,6) en Brazilië ($3.209,1). De groei van de huishoudelijke uitgaven onder de leiders: Brazilië (3,7%), Canada (3,2%), Verenigde Staten (2,4%), Argentinië (2,3%) en Mexico (2,2%).

de jaren 2010

De huishoudelijke uitgaven van Amerika bedroeg in de jaren 2010 US$16,9 biljoen per jaar. Het aandeel in de wereld was 38,4%.

Het aandeel van de huishoudelijke uitgaven in het BBP van Amerika was 66,6% in de jaren 2010, en was vergelijkbaar met Sint Maarten (66,5%), Tsjaad (66,6%), Cyprus (66,3%).

De huishoudelijke uitgaven per hoofd in Amerika was $17.389,9 in de jaren 2010s, en was vergelijkbaar met Aruba (US$17,6 duizend), Sint Maarten (US$17,2 duizend), Anguilla (US$17,8 duizend). De huishoudelijke uitgaven per hoofd in Amerika was in 2,9 keer hoger dan de huishoudelijke uitgaven per hoofd van de bevolking in de wereld ($6.018,5).

De groei van de huishoudelijke uitgaven in Amerika bedroeg 2.2% in de jaren 2010, en was vergelijkbaar met Micronesië (2,2%), Hongarije (2,2%). De groei van de huishoudelijke uitgaven in Amerika (2,2%) was minder dan de groei van de huishoudelijke uitgaven in de wereld (2,8%).

Vergelijking met regio's. De huishoudelijke uitgaven van Amerika was 29,1% groter dan in Azië (US$13,1 biljoen), 45,9% groter dan in Europa (US$11,6 biljoen), 11,2 keer groter dan in Afrika (US$1,5 biljoen) en 17,9 keer groter dan in Oceanië (US$944,5 miljard). De huishoudelijke uitgaven per hoofd in Amerika was 11,4% groter dan in Europa (US$15,6 duizend), 5,8 keer groter dan in Azië (US$3,0 duizend) en 13,5 keer groter dan in Afrika (US$1.292,9); maar 27,7% minder dan in Oceanië (US$24,1 duizend). De groei van de huishoudelijke uitgaven in Amerika was groter dan in Europa (1,3%); maar minder dan in Azië (4,9%), in Afrika (3,3%) en in Oceanië (2,3%).

Subregio's. De huishoudelijke uitgaven van Amerika in de jaren 2010 bestond uit: Noord-Amerika (77,7%), Zuid-Amerika (15,5%), Centraal-Amerika (5,5%) en Caraïben (1,3%). Het aandeel van de huishoudelijke uitgaven in het BBP van subregio's: Noord-Amerika (66,9%), Centraal-Amerika (66,3%), Zuid-Amerika (65,1%) en Caraïben (63,4%). De huishoudelijke uitgaven per hoofd van de bevolking in subregio's: Noord-Amerika ($37.055,5), Zuid-Amerika ($6.403,5), Centraal-Amerika ($5.577,1) en Caraïben ($5.215,1). De groei van de huishoudelijke uitgaven in subregio's: Centraal-Amerika (2,8%), Noord-Amerika (2,4%), Caraïben (2,4%) en Zuid-Amerika (1,1%).

Leiders. De huishoudelijke uitgaven van Amerika in de jaren 2010 bestond uit: Verenigde Staten (71,9%), Brazilië (8,0%), Canada (5,7%), Mexico (4,6%), Argentinië (2,1%), en andere (7,6%). Het aandeel van de huishoudelijke uitgaven in BBP van de leiders: Verenigde Staten (67,9%), Mexico (65,4%), Argentinië (65,3%), Brazilië (62,7%) en Canada (57,0%). De huishoudelijke uitgaven per hoofd in Amerika onder de leiders: Verenigde Staten ($38.161,2), Canada ($27.197,0), Argentinië ($8.431,8), Brazilië ($6.657,5) en Mexico ($6.436,9). De groei van de huishoudelijke uitgaven onder de leiders: Mexico (2,5%), Canada (2,5%), Verenigde Staten (2,4%), Brazilië (1,9%) en Argentinië (1,8%).

Hoofdstuk XIV. Voedsel consumptie

Tijdens de onderzoeksperiode groeide de voedselconsumptie in specerijen (in 2,7 keer), noten (met 94,8%), plantaardige oliën (met 64,1%), vis (met 30,7%), vlees (met 30,7%), eieren (met 22,4%), groenten (met 18,3%), granen (met 15,7%), alcoholische dranken (met 15,2%), fruit (met 12,6%), melk (met 9,4%), peulvruchten (met 4,9%), suiker (met 2,3%), maar daalde in stimulerende middelen (met 2,4%), zetmeelrijke wortels (met 18,5%).

Dit zijn de correlatiecoëfficiënten tussen het bni per hoofd van de bevolking in constante prijzen en de voedselconsumptie: specerijen (0.994), melk (0.992), vlees (0.987), plantaardige oliën (0.965), noten (0.953), eieren (0.935), groenten (0.909), peulvruchten (0.893), fruit (0.892), vis (0.865), alcoholische dranken (0.865), granen (0.81), suiker (0.291), stimulerende middelen (0.261), zetmeelrijke wortels (-0.792).

de jaren 1970

De consumptie van kcal in Amerika was 2.754,7 kcal/hoofd/dag in the 1970s, and was on a par with Japan (2.759,8 kcal/hoofd/dag), Zuidelijk Afrika (2.768,0 kcal/hoofd/dag). De consumptie van kcal in Amerika was groter dan in de wereld (2.403,2 kcal/hoofd/dag). De structuur van de consumptie: granen (29.7%), suiker (17.4%), plantaardige oliën (10.1%), vlees (9.6%), melk (8.5%), en anderen (24.7%).

De consumptie van eiwitten in Amerika was 79,0 g/hoofd/dag in the 1970s, and was on a par with Barbados (79,0 g/hoofd/dag), Mongolië (79,5 g/hoofd/dag). De consumptie van eiwitten in Amerika was groter dan in de wereld (65,0 g/hoofd/dag). De structuur van de consumptie: vlees (28.6%), granen (27.7%), melk (17.5%), peulvruchten (6.3%), eieren (3.5%), en anderen (16.4%).

De consumptie van vet in Amerika was 85,8 g/hoofd/dag in the 1970s, and was on a par with Roemenië (85,7 g/hoofd/dag), Portugal (85,2 g/hoofd/dag). De consumptie van vet in Amerika was groter dan in de wereld (55,1 g/hoofd/dag). De structuur van de consumptie: plantaardige oliën (36.6%), vlees (21.4%), melk (14.2%), granen (4.7%), eieren (2.9%), en anderen (20.2%).

Dit zijn niveaus van voedselconsumptie: melk (154,4 kg/hoofd/jr), granen (102,0 kg/hoofd/jr), fruit (94,1 kg/hoofd/jr), vlees (65,8 kg/hoofd/jr), groenten (65,4 kg/hoofd/jr), zetmeelrijke wortels (64,6 kg/hoofd/jr), alcoholische dranken (61,0 kg/hoofd/jr), suiker (48,9 kg/hoofd/jr), plantaardige oliën (11,9 kg/hoofd/jr), vis (10,8 kg/hoofd/jr), eieren (9,7 kg/hoofd/jr), peulvruchten (8,4 kg/hoofd/jr), stimulerende middelen (5,5 kg/hoofd/jr), noten (1,1 kg/hoofd/jr), specerijen (0,27 kg/hoofd/jr).

de jaren 1980

De consumptie van kcal in Amerika was 2.917,7 kcal/hoofd/dag in the 1980s, and was on a par with Trinidad en Tobago (2.925,9 kcal/hoofd/dag). De consumptie van kcal in Amerika was groter dan in de wereld (2.572,3 kcal/hoofd/dag). De structuur van de consumptie: granen (30.6%), suiker (16.6%), plantaardige oliën (12.2%), vlees (9.5%), melk (8.1%), en anderen (23%).

De consumptie van eiwitten in Amerika was 81,7 g/hoofd/dag in the 1980s, and was on a par with Mexico (81,5 g/hoofd/dag), Zuid-Korea (82,3 g/hoofd/dag), Tunesië (82,5 g/hoofd/dag). De consumptie van eiwitten in Amerika was groter dan in de wereld (69,1 g/hoofd/dag). De structuur van de consumptie: granen (28.8%), vlees (28.6%), melk (16.8%), peulvruchten (5.9%), vis (3.7%), en anderen (16.2%).

De consumptie van vet in Amerika was 96,3 g/hoofd/dag in the 1980s, and was on a par with Portugal (96,4 g/hoofd/dag), Frans-Polynesië (96,1 g/hoofd/dag), Uruguay (95,4 g/hoofd/dag). De consumptie van vet in Amerika was groter dan in de wereld (63,2 g/hoofd/dag). De structuur van de consumptie: plantaardige oliën (41.7%), vlees (20.4%), melk (13.2%), granen (4.5%), eieren (2.6%), en anderen (17.6%).

Dit zijn niveaus van voedselconsumptie: melk (155,7 kg/hoofd/jr), granen (111,4 kg/hoofd/jr), fruit (100,1 kg/hoofd/jr), groenten (68,3 kg/hoofd/jr), vlees (67,9 kg/hoofd/jr), alcoholische dranken (67,1 kg/hoofd/jr), zetmeelrijke wortels (57,1 kg/hoofd/jr), suiker (50,1 kg/hoofd/jr), plantaardige oliën (15,1 kg/hoofd/jr), vis (12,7 kg/hoofd/jr), eieren (9,8 kg/hoofd/jr), peulvruchten (8,2 kg/hoofd/jr), stimulerende middelen (4,9 kg/hoofd/jr), noten (1,1 kg/hoofd/jr), specerijen (0,35 kg/hoofd/jr).

de jaren 1990

De consumptie van kcal in Amerika was 3.035,8 kcal/hoofd/dag in the 1990s, and was on a par with Oost-Europa (3.031,4 kcal/hoofd/dag), Iran (3.040,4 kcal/hoofd/dag), Marokko (3.031,2 kcal/hoofd/dag). De consumptie van kcal in Amerika was groter dan in de wereld (2.652,6 kcal/hoofd/dag). De structuur van de consumptie: granen (31.1%), suiker (16.6%), plantaardige oliën (12.6%), vlees (10.1%), melk (7.9%), en anderen (21.7%).

De consumptie van eiwitten in Amerika was 86,2 g/hoofd/dag in the 1990s, and was on a par with Brunei (86,2 g/hoofd/dag), Cyprus (86,0 g/hoofd/dag), Tunesië (86,5 g/hoofd/dag). De consumptie van eiwitten in Amerika was groter dan in de wereld (72,1 g/hoofd/dag). De structuur van de consumptie: vlees (29.6%), granen (28.8%), melk (16.1%), peulvruchten (5.9%), vis (3.9%), en anderen (15.7%).

De consumptie van vet in Amerika was 100,9 g/hoofd/dag in the 1990s, and was on a par with Slovenië (101,3 g/hoofd/dag). De consumptie van vet in Amerika was groter dan in de wereld (69,0 g/hoofd/dag). De structuur van de consumptie: plantaardige oliën (42.8%), vlees (21.5%), melk (13.2%), granen (4.5%), eieren (2.4%), en anderen (15.6%).

Dit zijn niveaus van voedselconsumptie: melk (159,7 kg/hoofd/jr), granen (118,2 kg/hoofd/jr), fruit (103,3 kg/hoofd/jr), vlees (74,8 kg/hoofd/jr), groenten (73,3 kg/hoofd/jr), alcoholische dranken (65,2 kg/hoofd/jr), zetmeelrijke wortels (56,1 kg/hoofd/jr), suiker (52,8 kg/hoofd/jr), plantaardige oliën (16,3 kg/hoofd/jr), vis (13,7 kg/hoofd/jr), eieren (9,7 kg/hoofd/jr), peulvruchten (8,4 kg/hoofd/jr), stimulerende middelen (4,8 kg/hoofd/jr), noten (1,2 kg/hoofd/jr), specerijen (0,45 kg/hoofd/jr).

de jaren 2000

De consumptie van kcal in Amerika was 3.186,4 kcal/hoofd/dag in the 2000s, and was on a par with Hongkong (3.185,5 kcal/hoofd/dag), Libanon (3.195,1 kcal/hoofd/dag), Cuba (3.197,1 kcal/hoofd/dag). De consumptie van kcal in Amerika was groter dan in de wereld (2.765,9 kcal/hoofd/dag). De structuur van de consumptie: granen (30.1%), suiker (15.4%), plantaardige oliën (13.7%), vlees (10.8%), melk (7.7%), en anderen (22.3%).

De consumptie van eiwitten in Amerika was 91,2 g/hoofd/dag in the 2000s, and was on a par with Kazachstan (91,2 g/hoofd/dag), Tunesië (91,0 g/hoofd/dag), Nieuw-Zeeland (92,1 g/hoofd/dag). De consumptie van eiwitten in Amerika was groter dan in de wereld (76,5 g/hoofd/dag). De structuur van de consumptie: vlees (31%), granen (27.5%), melk (15.6%), peulvruchten (5.7%), vis (3.9%), en anderen (16.3%).

De consumptie van vet in Amerika was 113,5 g/hoofd/dag in the 2000s, and was on a par with Polen (113,8 g/hoofd/dag), Letland (114,6 g/hoofd/dag), Bermuda (112,4 g/hoofd/dag). De consumptie van vet in Amerika was groter dan in de wereld (76,9 g/hoofd/dag). De structuur van de consumptie: plantaardige oliën (43.4%), vlees (21.9%), melk (12.4%), granen (4.2%), eieren (2.4%), en anderen (15.7%).

Dit zijn niveaus van voedselconsumptie: melk (163,3 kg/hoofd/jr), granen (118,9 kg/hoofd/jr), fruit (107,4 kg/hoofd/jr), vlees (83,4 kg/hoofd/jr), groenten (80,4 kg/hoofd/jr), alcoholische dranken (68,1 kg/hoofd/jr), zetmeelrijke wortels (55,8 kg/hoofd/jr), suiker (51,6 kg/hoofd/jr), plantaardige oliën (18,1 kg/hoofd/jr), vis (14,1 kg/hoofd/jr), eieren (10,9 kg/hoofd/jr), peulvruchten (8,6 kg/hoofd/jr), stimulerende middelen (5,5 kg/hoofd/jr), noten (1,8 kg/hoofd/jr), specerijen (0,66 kg/hoofd/jr).

de jaren 2010

De consumptie van kcal in Amerika was 3.219,3 kcal/hoofd/dag in the 2010s, and was on a par with de Nederland (3.218,3 kcal/hoofd/dag), de Verenigde Arabische Emiraten (3.220,3 kcal/hoofd/dag), Australazië (3.227,8 kcal/hoofd/dag). De consumptie van kcal in Amerika was groter dan in de wereld (2.869,3 kcal/hoofd/dag). De structuur van de consumptie: granen (29.8%), suiker (14.8%), plantaardige oliën (14.2%), vlees (11.2%), melk (7.8%), en anderen (22.2%).

De consumptie van eiwitten in Amerika was 92,7 g/hoofd/dag in the 2010s, and was on a par with Noord-Afrika (93,0 g/hoofd/dag), Polynesië (92,0 g/hoofd/dag). De consumptie van eiwitten in Amerika was groter dan in de wereld (80,6 g/hoofd/dag). De structuur van de consumptie: vlees (31.4%), granen (27%), melk (15.7%), peulvruchten (5.7%), vis (3.9%), en anderen (16.3%).

De consumptie van vet in Amerika was 118,2 g/hoofd/dag in the 2010s, and was on a par with Polen (118,2 g/hoofd/dag), Turkije (118,5 g/hoofd/dag), Nieuw-Zeeland (117,8 g/hoofd/dag). De consumptie van vet in Amerika was groter dan in de wereld (82,4 g/hoofd/dag). De structuur van de consumptie: plantaardige oliën (43.7%), vlees (22.1%), melk (12.2%), granen (4.1%), eieren (2.5%), en anderen (15.4%).

Dit zijn niveaus van voedselconsumptie: melk (168,9 kg/hoofd/jr), granen (118,1 kg/hoofd/jr), fruit (106,0 kg/hoofd/jr), vlees (86,0 kg/hoofd/jr), groenten (77,3 kg/hoofd/jr), alcoholische dranken (70,3 kg/hoofd/jr), zetmeelrijke wortels (54,5 kg/hoofd/jr), suiker (50,0 kg/hoofd/jr), plantaardige oliën (19,5 kg/hoofd/jr), vis (14,1 kg/hoofd/jr), eieren (11,9 kg/hoofd/jr), peulvruchten (8,8 kg/hoofd/jr), stimulerende middelen (5,4 kg/hoofd/jr), noten (2,2 kg/hoofd/jr), specerijen (0,73 kg/hoofd/jr).

Part V. Reproductie

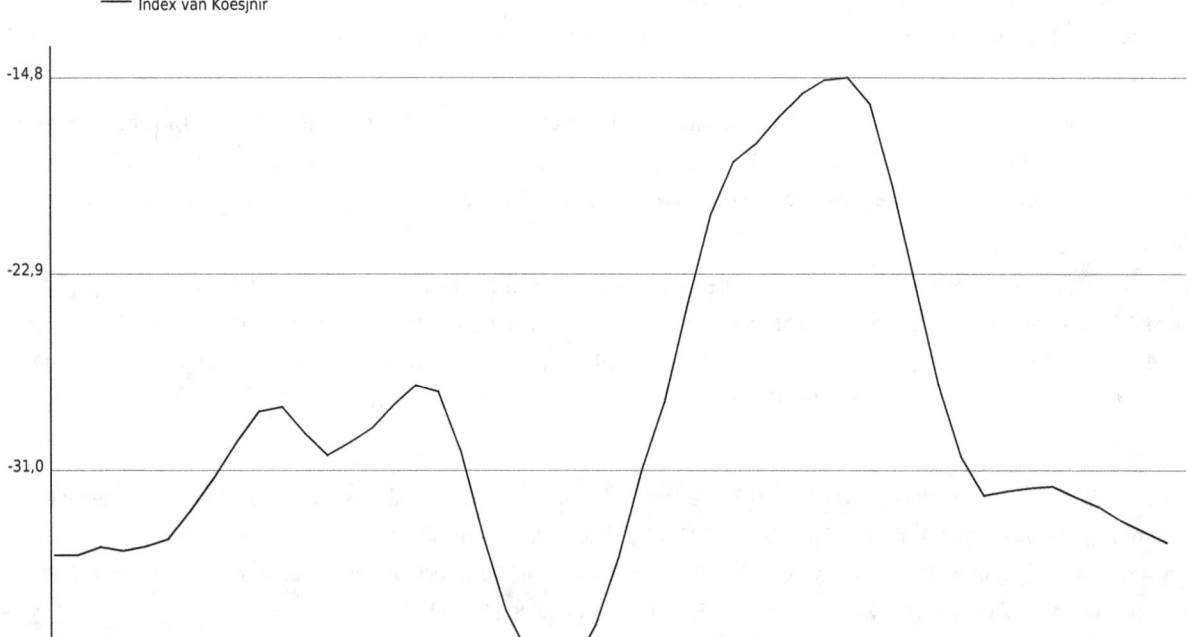

Index van Koesjnir, (-) consumptie - (+) reproductie

Hoofdstuk XV. Bruto-investeringen in vaste activa

De investeringen in vaste activa van Amerika steeg van US$511,3 miljard per jaar in de jaren 1970 tot US$5,1 biljoen per jaar in de jaren 2010, dat wil zeggen met US$4,6 biljoen of 10,1 keer. De verandering vond plaats op US$3,5 biljoen als gevolg van een 3,1-voudige stijging van de prijzen, en ook op US$767,0 miljard als gevolg van een 1,9-voudige toename van het tarief per hoofd, evenals op US$378,8 miljard als gevolg van de toename van de bevolking. De gemiddelde jaarlijkse groei van de investeringen in vaste activa is 3,1%. De minimumwaarde van de investeringen in vaste activa bedroeg US$286,3 miljard in 1970. De maximumwaarde van de investeringen in vaste activa bedroeg US$5,8 biljoen in 2019.

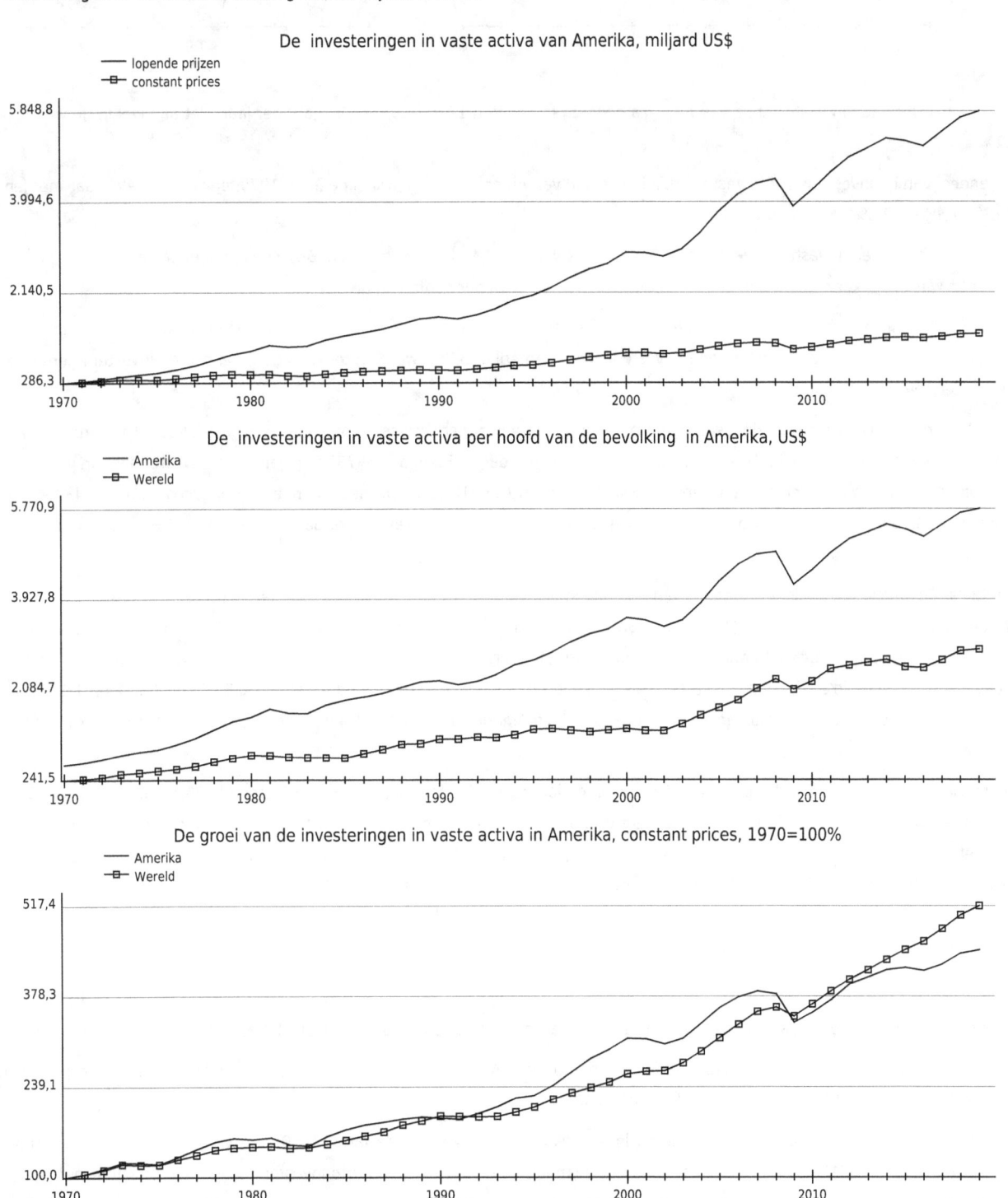

De investeringen in vaste activa van Amerika, miljard US$

De investeringen in vaste activa per hoofd van de bevolking in Amerika, US$

De groei van de investeringen in vaste activa in Amerika, constant prices, 1970=100%

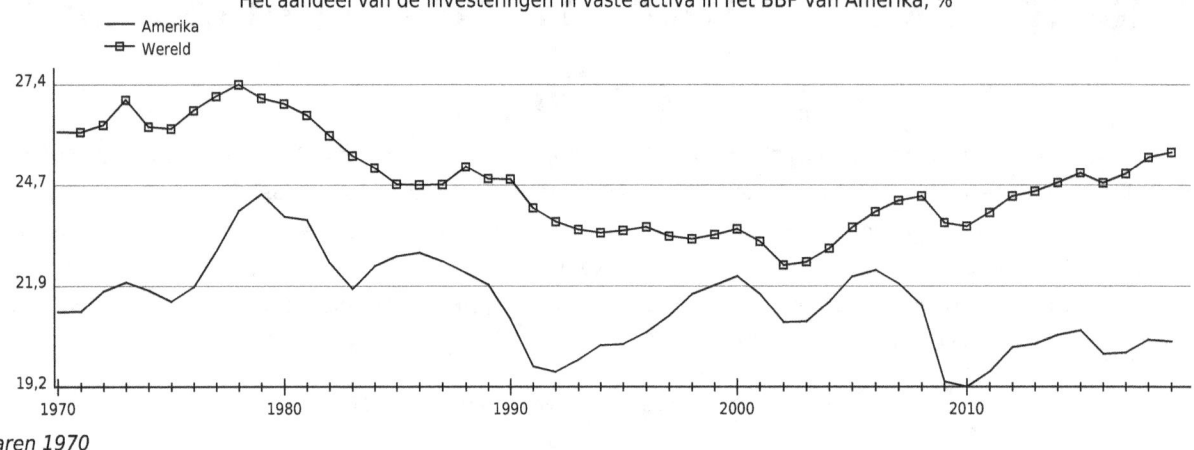

Het aandeel van de investeringen in vaste activa in het BBP van Amerika, %

de jaren 1970

De bruto-investeringen in vaste activa van Amerika bedroeg in de jaren 1970 US$511,3 miljard per jaar. Het aandeel in de wereld was 29,2%.

Het aandeel van de investeringen in vaste activa in het BBP van Amerika was 22,6% in de jaren 1970, en was vergelijkbaar met Jemen (22,6%), Tonga (22,6%), Noord-Amerika (22,4%).

De bruto-investeringen in vaste activa per hoofd in Amerika was $913,4 in de jaren 1970s. De investeringen in vaste activa per hoofd in Amerika was in 2,1 keer hoger dan de investeringen in vaste activa per hoofd van de bevolking in de wereld ($433,5).

De groei van de investeringen in vaste activa in Amerika bedroeg 5.3% in de jaren 1970, en was vergelijkbaar met Guyana (5,3%), Cuba (5,4%). De groei van de investeringen in vaste activa in Amerika (5,3%) was groter dan de groei van de investeringen in vaste activa in de wereld (4,2%).

Vergelijking met regio's. De bruto-investeringen in vaste activa van Amerika was groter dan in Azië (US$350,9 miljard), in Afrika (US$118,9 miljard) en in Oceanië (US$30,7 miljard); maar minder dan in Europa (US$738,5 miljard). De investeringen in vaste activa per hoofd in Amerika was groter dan in Afrika (US$289,8) en in Azië (US$151,1); maar minder dan in Oceanië (US$1.437,8) en in Europa (US$1.018,0). De groei van de investeringen in vaste activa in Amerika was groter dan in Oceanië (2,6%) en in Europa (2,4%); maar minder dan in Afrika (7,1%) en in Azië (6,2%).

Subregio's. De investeringen in vaste activa van Amerika in de jaren 1970 bestond uit: Noord-Amerika (82,3%), Zuid-Amerika (11,9%), Centraal-Amerika (4,4%) en Caraïben (1,4%). Het aandeel van de investeringen in vaste activa in het BBP van subregio's: Zuid-Amerika (24,7%), Noord-Amerika (22,4%), Caraïben (22,1%) en Centraal-Amerika (21,2%). De bruto-investeringen in vaste activa per hoofd van de bevolking in subregio's: Noord-Amerika ($1.744,0), Centraal-Amerika ($286,9), Zuid-Amerika ($284,7) en Caraïben ($278,0). De groei van de investeringen in vaste activa in subregio's: Zuid-Amerika (8,3%), Centraal-Amerika (7,4%), Noord-Amerika (4,5%) en Caraïben (2,2%).

Leiders. De investeringen in vaste activa van Amerika in de jaren 1970 bestond uit: Verenigde Staten (74,7%), Canada (7,5%), Brazilië (4,4%), Mexico (4,0%), Venezuela (2,8%), en andere (6,5%). Het aandeel van de investeringen in vaste activa in BBP van de leiders: Venezuela (47,0%), Canada (23,2%), Verenigde Staten (22,3%), Brazilië (22,0%) en Mexico (21,4%). De bruto-investeringen in vaste activa per hoofd in Amerika onder de leiders: Verenigde Staten ($1.750,0), Canada ($1.687,5), Venezuela ($1.117,3), Mexico ($344,3) en Brazilië ($212,9). De groei van de investeringen in vaste activa onder de leiders: Venezuela (10,1%), Brazilië (9,9%), Mexico (7,6%), Canada (5,1%) en Verenigde Staten (4,4%).

de jaren 1980

De investeringen in vaste activa van Amerika bedroeg in de jaren 1980 US$1,2 biljoen per jaar. Het aandeel in de wereld was 32,0%.

Het aandeel van de investeringen in vaste activa in het BBP van Amerika was 22,6% in de jaren 1980, en was vergelijkbaar met Zuidwest-Azië (22,7%), Monaco (22,5%), Frankrijk (22,5%).

De bruto-investeringen in vaste activa per hoofd in Amerika was $1.848,1 in de jaren 1980s, en was vergelijkbaar met Anguilla (US$1.854,7), Israël (US$1.839,3), de Turks- en Caicoseilanden (US$1.809,4). De bruto-investeringen in vaste activa per hoofd in Amerika was in 2,3 keer hoger dan de investeringen in vaste activa per hoofd van de bevolking in de wereld ($790,9).

De groei van de investeringen in vaste activa in Amerika bedroeg 1.9% in de jaren 1980. De groei van de investeringen in vaste activa in Amerika (1,9%) was minder dan de groei van de investeringen in vaste activa in de wereld (2,5%).

Vergelijking met regio's. De investeringen in vaste activa van Amerika was groter dan in Azië (US$990,6 miljard), in Afrika (US$196,1 miljard) en in Oceanië (US$70,0 miljard); maar minder dan in Europa (US$1,3 biljoen). De investeringen in vaste activa per hoofd in Amerika was groter dan in Europa (US$1.748,4), in Afrika (US$362,0) en in Azië (US$349,2); maar minder dan in Oceanië (US$2,8 duizend). De groei van de investeringen in vaste activa in Amerika was groter dan in Afrika (-3,3%); maar minder dan in Oceanië (4,9%), in Azië (4,8%) en in Europa (2,2%).

Subregio's. De bruto-investeringen in vaste activa van Amerika in de jaren 1980 bestond uit: Noord-Amerika (85,3%), Zuid-Amerika (9,5%), Centraal-Amerika (4,0%) en Caraïben (1,2%). Het aandeel van de investeringen in vaste activa in het BBP van subregio's: Noord-Amerika (22,9%), Zuid-Amerika (21,8%), Centraal-Amerika (20,2%) en Caraïben (19,8%). De investeringen in vaste activa per hoofd van de bevolking in subregio's: Noord-Amerika ($3.936,1), Centraal-Amerika ($489,4), Caraïben ($472,1) en Zuid-Amerika ($436,8). De groei van de investeringen in vaste activa in subregio's: Caraïben (3,5%), Noord-Amerika (3,1%), Centraal-Amerika (-1,1%) en Zuid-Amerika (-2,6%).

Leiders. De bruto-investeringen in vaste activa van Amerika in de jaren 1980 bestond uit: Verenigde Staten (78,3%), Canada (7,0%), Brazilië (4,1%), Mexico (3,7%), Venezuela (1,6%), en andere (5,4%). Het aandeel van de investeringen in vaste activa in BBP van de leiders: Venezuela (30,6%), Verenigde Staten (23,0%), Canada (22,2%), Brazilië (21,4%) en Mexico (20,8%). De investeringen in vaste activa per hoofd in Amerika onder de leiders: Verenigde Staten ($4.002,1), Canada ($3.322,1), Venezuela ($1.120,0), Mexico ($600,0) en Brazilië ($371,8). De groei van de investeringen in vaste activa onder de leiders: Canada (3,9%), Verenigde Staten (3,1%), Brazilië (-0,19%), Mexico (-1,0%) en Venezuela (-7,1%).

de jaren 1990

De investeringen in vaste activa van Amerika bedroeg in de jaren 1990 US$2,1 biljoen per jaar. Het aandeel in de wereld was 30,8%.

Het aandeel van de investeringen in vaste activa in het BBP van Amerika was 20,7% in de jaren 1990, en was vergelijkbaar met Oeganda (20,7%), Afrika (20,8%), Somalië (20,7%).

De investeringen in vaste activa per hoofd in Amerika was $2.694,1 in de jaren 1990s, en was vergelijkbaar met Portugal (US$2,7 duizend), Griekenland (US$2,6 duizend). De investeringen in vaste activa per hoofd in Amerika was in 2,3 keer hoger dan de investeringen in vaste activa per hoofd van de bevolking in de wereld ($1.183,8).

De groei van de investeringen in vaste activa in Amerika bedroeg 4.4% in de jaren 1990, en was vergelijkbaar met Turkije (4,4%). De groei van de investeringen in vaste activa in Amerika (4,4%) was groter dan de groei van de investeringen in vaste activa in de wereld (2,8%).

Vergelijking met regio's. De bruto-investeringen in vaste activa van Amerika was groter dan in Afrika (US$122,7 miljard) en in Oceanië (US$106,7 miljard); maar minder dan in Azië (US$2,3 biljoen) en in Europa (US$2,1 biljoen). De bruto-investeringen in vaste activa per hoofd in Amerika was groter dan in Azië (US$661,5) en in Afrika (US$173,2); maar minder dan in Oceanië (US$3,7 duizend) en in Europa (US$3,0 duizend). De groei van de investeringen in vaste activa in Amerika was groter dan in Azië (4,3%), in Oceanië (3,9%), in Afrika (3,2%) en in Europa (0,024%).

Subregio's. De investeringen in vaste activa van Amerika in de jaren 1990 bestond uit: Noord-Amerika (83,1%), Zuid-Amerika (11,1%), Centraal-Amerika (4,8%) en Caraïben (1,00%). Het aandeel van de investeringen in vaste activa in het BBP van subregio's: Noord-Amerika (21,1%), Centraal-Amerika (20,0%), Zuid-Amerika (19,2%) en Caraïben (17,9%). De investeringen in vaste activa per hoofd van de bevolking in subregio's: Noord-Amerika ($5.883,4), Centraal-Amerika ($807,8), Zuid-Amerika ($722,0) en Caraïben ($593,3). De groei van de investeringen in vaste activa in subregio's: Centraal-Amerika (6,9%), Noord-Amerika (4,5%), Caraïben (2,9%) en Zuid-Amerika (2,9%).

Leiders. De bruto-investeringen in vaste activa van Amerika in de jaren 1990 bestond uit: Verenigde Staten (77,2%), Canada (5,9%), Brazilië (5,6%), Mexico (4,3%), Argentinië (1,9%), en andere (5,1%). Het aandeel van de investeringen in vaste activa in BBP van de leiders: Verenigde Staten (21,2%), Mexico (20,0%), Canada (19,8%), Brazilië (19,0%) en Argentinië (15,0%). De bruto-investeringen in vaste activa per hoofd in Amerika onder de leiders: Verenigde Staten ($6.067,2), Canada ($4.207,9), Argentinië ($1.156,9), Mexico ($992,4) en Brazilië ($718,4). De groei van de investeringen in vaste activa onder de leiders: Argentinië (7,4%), Mexico (6,6%), Verenigde Staten (4,8%), Brazilië (2,0%) en Canada (1,8%).

de jaren 2000

De bruto-investeringen in vaste activa van Amerika bedroeg in de jaren 2000 US$3,6 biljoen per jaar, en was vergelijkbaar met Azië (US$3,6 biljoen). Het aandeel in de wereld was 32,6%.

Het aandeel van de investeringen in vaste activa in het BBP van Amerika was 21,4% in de jaren 2000, en was vergelijkbaar met de Nederland (21,4%), Oost-Afrika (21,5%), Benin (21,5%).

De bruto-investeringen in vaste activa per hoofd in Amerika was $4.079,3 in de jaren 2000s. De investeringen in vaste activa per hoofd in Amerika was in 2,4 keer hoger dan de investeringen in vaste activa per hoofd van de bevolking in de wereld ($1.690,7).

De groei van de investeringen in vaste activa in Amerika bedroeg 1.3% in de jaren 2000. De groei van de investeringen in vaste activa in Amerika (1,3%) was minder dan de groei van de investeringen in vaste activa in de wereld (3,5%).

Vergelijking met regio's. De bruto-investeringen in vaste activa van Amerika was groter dan in Azië (US$3,6 biljoen), in Europa (US$3,4 biljoen), in Afrika (US$254,6 miljard) en in Oceanië (US$219,8 miljard). De bruto-investeringen in vaste activa per hoofd in Amerika was groter dan in Azië (US$905,5) en in Afrika (US$280,9); maar minder dan in Oceanië (US$6,6 duizend) en in Europa (US$4,6 duizend). De groei van de investeringen in vaste activa in Amerika was minder dan in Azië (6,8%), in Afrika (5,6%), in Oceanië (5,0%) en in Europa (1,6%).

Subregio's. De bruto-investeringen in vaste activa van Amerika in de jaren 2000 bestond uit: Noord-Amerika (83,6%), Zuid-Amerika (9,6%), Centraal-Amerika (5,7%) en Caraïben (1,1%). Het aandeel van de investeringen in vaste activa in het BBP van subregio's: Noord-Amerika (21,9%), Centraal-Amerika (21,2%), Zuid-Amerika (18,8%) en Caraïben (17,5%). De investeringen in vaste activa per hoofd van de bevolking in subregio's: Noord-Amerika ($9.194,6), Centraal-Amerika ($1.405,9), Caraïben ($988,7) en Zuid-Amerika ($932,4). De groei van de investeringen in vaste activa in subregio's: Zuid-Amerika (4,7%), Centraal-Amerika (1,8%), Caraïben (1,2%) en Noord-Amerika (0,66%).

Leiders. De investeringen in vaste activa van Amerika in de jaren 2000 bestond uit: Verenigde Staten (76,9%), Canada (6,7%), Mexico (5,1%), Brazilië (4,9%), Argentinië (1,1%), en andere (5,3%). Het aandeel van de investeringen in vaste activa in BBP van de leiders: Verenigde Staten (21,9%), Canada (21,8%), Mexico (21,2%), Brazilië (18,2%) en Argentinië (15,8%). De investeringen in vaste activa per hoofd in Amerika onder de leiders: Verenigde Staten ($9.376,4), Canada ($7.523,0), Mexico ($1.740,4), Argentinië ($1.000,0) en Brazilië ($955,7). De groei van de investeringen in vaste activa onder de leiders: Brazilië (3,3%), Canada (3,2%), Argentinië (2,2%), Mexico (1,8%) en Verenigde Staten (0,43%).

de jaren 2010

De bruto-investeringen in vaste activa van Amerika bedroeg in de jaren 2010 US$5,1 biljoen per jaar. Het aandeel in de wereld was 26,8%.

Het aandeel van de investeringen in vaste activa in het BBP van Amerika was 20,2% in de jaren 2010, en was vergelijkbaar met Noord-Amerika (20,3%), Denemarken (20,1%), Bulgarije (20,1%).

De investeringen in vaste activa per hoofd in Amerika was $5.284,2 in de jaren 2010s, en was vergelijkbaar met Malta (US$5,3 duizend), Tsjechië (US$5,3 duizend), Saint Kitts en Nevis (US$5,4 duizend). De investeringen in vaste activa per hoofd in Amerika was in 2,0 keer hoger dan de investeringen in vaste activa per hoofd van de bevolking in de wereld ($2.621,1).

De groei van de investeringen in vaste activa in Amerika bedroeg 2.9% in de jaren 2010, en was vergelijkbaar met Zuid-Korea (2,9%). De groei van de investeringen in vaste activa in Amerika (2,9%) was minder dan de groei van de investeringen in vaste activa in de wereld (4,1%).

Vergelijking met regio's. De investeringen in vaste activa van Amerika was 19,8% groter dan in Europa (US$4,3 biljoen), 10,0 keer groter dan in Afrika (US$514,5 miljard) en 12,4 keer groter dan in Oceanië (US$413,9 miljard); maar 41,8% minder dan in Azië (US$8,8 biljoen). De investeringen in vaste activa per hoofd in Amerika was 2,6 keer groter dan in Azië (US$2,0 duizend) en 12,0 keer groter dan in Afrika (US$440,4); maar 49,9% minder dan in Oceanië (US$10,5 duizend) en 8,5% minder dan in Europa (US$5,8 duizend). De groei van de investeringen in vaste activa in Amerika was groter dan in Europa (2,2%) en in Oceanië (1,3%); maar minder dan in Azië (6,0%) en in Afrika (3,1%).

Subregio's. De bruto-investeringen in vaste activa van Amerika in de jaren 2010 bestond uit: Noord-Amerika (77,7%), Zuid-Amerika (15,3%), Centraal-Amerika (6,0%) en Caraïben (1,0%). Het aandeel van de investeringen in vaste activa in het BBP van subregio's:

Centraal-Amerika (22,0%), Noord-Amerika (20,3%), Zuid-Amerika (19,5%) en Caraïben (15,4%). De investeringen in vaste activa per hoofd van de bevolking in subregio's: Noord-Amerika ($11.257,7), Zuid-Amerika ($1.915,9), Centraal-Amerika ($1.849,9) en Caraïben ($1.271,2). De groei van de investeringen in vaste activa in subregio's: Caraïben (4,3%), Noord-Amerika (3,7%), Centraal-Amerika (2,2%) en Zuid-Amerika (-1,1%).

Leiders. De bruto-investeringen in vaste activa van Amerika in de jaren 2010 bestond uit: Verenigde Staten (69,9%), Canada (7,8%), Brazilië (7,7%), Mexico (5,1%), Argentinië (1,7%), en andere (7,9%). Het aandeel van de investeringen in vaste activa in BBP van de leiders: Canada (23,4%), Mexico (21,9%), Verenigde Staten (20,0%), Brazilië (18,4%) en Argentinië (15,5%). De investeringen in vaste activa per hoofd in Amerika onder de leiders: Verenigde Staten ($11.264,9), Canada ($11.182,7), Mexico ($2.158,2), Argentinië ($1.997,2) en Brazilië ($1.955,6). De groei van de investeringen in vaste activa onder de leiders: Verenigde Staten (3,8%), Canada (1,9%), Mexico (1,7%), Argentinië (1,3%) en Brazilië (0,067%).